AF577881

Inhaltsverzeichnis

Verzeichnis der Tippkästen

Judith Bündgens-Kosten
Maria Sussex

20 x Englisch

DIGITAL unterstützt

für 45 Minuten

Klasse 3/4

Fertige Stunden für den unkomplizierten digitalen Englischunterricht

Verlag an der Ruhr

Impressum

Titel

20 x Englisch digital unterstützt für 45 Minuten – Klasse 3/4
Fertige Stunden für den unkomplizierten digitalen Englischunterricht

Autorinnen

Judith Bündgens-Kosten
Maria Sussex

Titelbildmotiv

England-Motiv © Samot, Holzstruktur © BravissimoS, Button © Anna Frajtova, Schriftzug digital © unter Verwendung von oasis15 – alle Shutterstock.com; Kinderhände mit Tablet © vejaa – stock.adobe.com

Illustrationen

siehe ©-Angaben auf den jeweiligen Seiten

Druck

AZ Druck und Datentechnik GmbH, Kempten, DE

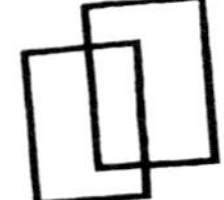

Verlag an der Ruhr
Mülheim an der Ruhr
www.verlagruhr.de

Geeignet für die Klassen 3–4

Dieses Buch enthält Hinweise zu digitalen Tools von Drittanbietern. Die dort aufgeführten Drittinhalte entziehen sich dem Einfluss von Verlag und Autorinnen. Diese sind nicht verantwortlich für die Richtigkeit und Rechtmäßigkeit der dort bereitgestellten Drittinhalte. Sämtliche etwaige Links dienen ausschließlich der Zugangserleichterung und Zusammenfassung zu den Drittangeboten – der Verlag macht sich die Drittinhalte nicht zu eigen.
Zum Zeitpunkt der Drucklegung wurden die entsprechenden Tools der Drittanbieter auf ihre didaktische Eignung im Unterricht geprüft sowie auf offensichtlich rechtswidrige Drittinhalte. Eine fortlaufende Prüfung der Drittinhalte auf ihre Rechtmäßigkeit und Aktualität ist dem Verlag daher nicht möglich.
Die Prüfung der jeweiligen Nutzungsbedingungen und Vorgaben solcher Drittinhalte sowie die Zulässigkeit einer Verwendung im Unterricht obliegt der jeweiligen Lehrkraft bzw. der Schule.

Urheberrechtlicher Hinweis
Das Werk und seine Teile sind urheberrechtlich geschützt. Jede Verwendung in anderen als den gesetzlich zugelassenen Fällen oder außerhalb dieser Bedingungen bedarf der vorherigen schriftlichen Einwilligung des Verlages. Im Werk vorhandene Kopiervorlagen dürfen vervielfältigt werden, allerdings nur für Schüler*innen der eigenen Klasse/des eigenen Kurses. Die dazu notwendigen Informationen (Buchtitel, Verlag und Autorinnen) haben wir für Sie als Service bereits mit eingedruckt. Diese Angaben dürfen weder verändert noch entfernt werden. Die Weitergabe von Kopiervorlagen oder Kopien (auch von Ihnen veränderte) an Kolleg*innen, Eltern oder Schüler*innen anderer Klassen/Kurse ist nicht gestattet.
Der Verlag untersagt ausdrücklich das Herstellen von digitalen Kopien, das digitale Speichern und Zurverfügungstellen dieser Materialien in Netzwerken (das gilt auch für Intranets von Schulen und sonstigen Bildungseinrichtungen), per E-Mail, Internet oder sonstigen elektronischen Medien außerhalb der gesetzlichen Grenzen. Kein Verleih. Keine gewerbliche Nutzung.

Bitte beachten Sie die Informationen unter www.schulbuchkopie.de.

Soweit in diesem Produkt Personen fotografisch abgebildet sind und ihnen von der Redaktion fiktive Namen, Berufe, Dialoge u. Ä. zugeordnet oder diese Personen in bestimmte Kontexte gesetzt werden, dienen diese Zuordnungen und Darstellungen ausschließlich der Veranschaulichung und dem besseren Verständnis des Inhalts.

QR Code is registered trademark of DENSO WAVE INCORPORATED.

© Verlag an der Ruhr 2020

ISBN 978-3-8346-4420-6

Index

Vorwort

Ein Buch über Digitales und dann mit Kopiervorlagen – ist das nicht ein Widerspruch?
Nein – denn dieses Buch versucht, zwei Dinge auf einmal zu leisten: Lehrkräfte dabei zu unterstützen, erste digitale Schritte im Englischunterricht zu gehen, und andererseits auch fortgeschrittenen Digitalisierungsfans noch die eine oder andere Idee für den kommunikativen Englischunterricht zu geben. Die eine oder andere Kopiervorlage kann dabei die Komplexität reduzieren, die Anzahl von Nachfragen von Schüler*innen minimieren oder auch ganz einfach dabei helfen, Unterricht in Zeiten der Digitalisierung möglich zu machen – selbst wenn die technische Ausstattung des Klassenzimmers in Quantität oder Qualität nicht immer optimal sein mag.

Die hier vorgestellten Stunden sollen eine Planungshilfe sein, die Sie kreativ an die Gegebenheiten Ihrer Schule und die Bedürfnisse Ihrer Lerngruppe anpassen können:
Passen Sie Wortschatz, Phrasen, Formulierungen an Ihren sonstigen Unterricht an. Lassen Sie weg oder ergänzen Sie, geben Sie mehr oder weniger *scaffolding*, fügen Sie Ihr *classroom ritual* hinzu oder verteilen Sie eine Stunde auf zwei Sitzungen. Nutzen Sie diese Stundenentwürfe an einem Tag als Fertigmischung, an einem anderen Tag als flexibles Basisrezept und hin und wieder auch mal wie Instagram-Foodporn: als Inspiration.

Anpassen können Sie natürlich auch die technische Seite. Sie haben nur drei Tablets und einen Klassen-PC? Vielleicht lässt sich eine Idee ja auch als Teil einer Stationenarbeit durchführen. Sie verfügen über keine Dokumentenkamera? Ein Kind kann ein mit dem Beamer verbundenes Tablet festhalten und filmen, was gezeigt werden soll – nicht so komfortabel wie eine Dokumentenkamera, aber das Ergebnis ist das gleiche. Sie haben zwar Tablets, aber weder Beamer noch interaktives Whiteboard o. Ä.? Dann kann ein Arbeitsergebnis auch gezeigt werden, indem das Tablet hochgehalten wird. Ein bisschen Improvisation schadet dabei nicht! Die Arbeit mit digitalen Medien ist ganz normaler Lern-Alltag und kleinere Pannen gehören dazu.

Die einzelnen Stundenentwürfe sind nach Kernthemen sortiert. Die Stundenentwürfe 1–3 legen den Schwerpunkt auf das Reden über Medien und die Vermittlung des dazu notwendigen Sprachrepertoires. Die Stunden 4–7 sind optimal als „erste Schritte" zum „Englischunterricht im Zeitalter der Digitalisierung" geeignet – einfache Stunden, bei denen Schüler*innen neben sprachlichen Inhalten auch erste Erfahrungen mit dem Tablet im Unterricht sammeln können. Stunden 8–10 schauen auf Wortschatzlernen und -üben. Die anderen Stunden betrachten die *four skills* – Lesen, Hören, Schreiben sowie Sprechen.
Bei einigen Stunden sollen Fotos oder Videos von den Kindern erstellt werden. Bitte beachten Sie hierbei, dass das Einverständnis der Erziehungsberechtigten dafür vorliegen muss.

Über den Index (S. 5) haben Sie zudem einfachen Zugriff auf die behandelten Themen, die angezielten Kompetenzen und die genutzte Hard-/Software. So ist es besonders komfortabel möglich, eine Stunde zu finden, die einerseits zu den Lernbedürfnissen Ihrer Klasse, andererseits zur vorhandenen technischen Ausstattung passt.
Ergänzende Praxistipps finden sich in Tippkästen. Sie lassen sich durch das Verzeichnis der Tippkästen (S. 4) leicht wiederfinden.

Die Autorinnen wünschen Ihnen viel Spaß bei der Lektüre – und noch mehr Spaß bei der praktischen Umsetzung!

Über Medien sprechen

Let's talk about media

Part 1: smartphone, laptop, screen and mouse

Darum geht's

In dieser Stunde werden Wortschatz und Redemittel (Nomen) zu Medien (analog/digital) eingeführt.

Die Kinder …

- setzen englischsprachige Bezeichnungen für Medien ein.
- entwickeln ein Bewusstsein dafür, dass viele Begrifflichkeiten der Medienlandschaft und Mediennutzung auch im deutschsprachigen Raum auf englische Bezeichnungen zurückgehen (Förderung der *language awareness*).

Materialliste

- Wortkarten „media nouns" (S. 12)
- Bildkarten „media nouns" (S. 108)
  Diese **farbigen Bildkarten** finden Sie hinten im Buch!
- Tablets oder andere mobile Endgeräte für Schüler*innen (Smartphones, Computer)

Redemittel

rezeptiv	produktiv
• Come into the circle and take a seat. • Look at the pictures. • Point to …/Hold it up and say the word. • Close/open your eyes/ the browser. • What is it? • Drag the words to the picture. • At the end, click on „Ergebnisse überprüfen". • Click on „Ergebnisse ansehen/Aufgabe wiederholen/Beenden".	• smartphone/mobile phone, computer, tablet, laptop, TV, magazine, book, newspaper, CD player, radio, mouse, screen, keyboard, video game controller • It's a computer/ tablet/…

Das bereiten Sie vor

- Halten Sie die Bild- und Wortkarten für die Phase der Hinführung und Festigung bereit.
- Für die Arbeitsphase können Schüler*innen entweder am Tablet oder einem anderen digitalen Endgerät arbeiten. Stellen Sie sicher, dass die Geräte geladen bzw. funktionsfähig sind. (Zur Benutzung des Zuordnungsspiels ist ein Internetzugang notwendig.)

Stundenverlauf

1. Einstieg (2 Minuten)

Begrüßen Sie die Klasse mit Ihrem üblichen Begrüßungsritual. Geben Sie den Kindern anschließend einen kurzen Überblick über Lernziel und Unterrichtsverlauf:

Today, we are going to learn and practice media words, such as tablet, computer, and newspaper. I'm sure that you know some of them already.

2. Hinführung (10–13 Minuten)

Bitten Sie die Kinder in den Sitzkreis.

It's circle time. Please come into the circle and take a seat.

Die Flashcards (Bildkarten) der technischen Geräte bzw. analogen Medien (nur Nomen) liegen in der Kreismitte. Schüler*innen, die bereits die englische Bezeichnung für ein Wort kennen, melden sich und dürfen das entsprechende Wort nennen und die Karte hochhalten bzw. darauf zeigen. So kann das Vorwissen der Kinder erfasst werden.

Look at all the pictures. Who knows an English word?
Point to it/Hold it up and say the word.

1. Let's talk about media

Part 1: smartphone, laptop, screen and mouse

Die Schüler*innen sprechen gemeinsam das Wort im Chor nach:

S: *It's a computer/tablet/…*

Falls Kinder Marken bestimmter Spielekonsolen oder Handys/Tablets nennen, kann die Lehrkraft dies aufnehmen und auf den jeweiligen Oberbegriff (*smartphone/tablet/video game controller*) verweisen.

Begrifflichkeiten, die Kinder nicht kennen, führen Sie selbst ein und lassen sie ebenfalls wieder von der Klasse nachsprechen.
Weitere inhaltliche Aspekte, die als relevant erachtet werden, beispielsweise der Unterschied zwischen einem *smartphone* und einem *mobile phone* (ein *mobile phone* muss nicht zwangsläufig ein *smartphone* sein), können Sie an dieser Stelle ebenfalls aufgreifen.

Language awareness

Die englischen Bezeichnungen für digitale Medien sind auch in der deutschen Sprache weit verbreitet, wie „Computer", „Tablet", „Smartphone" etc. Zumeist erfahren sie hierbei eine Eindeutschung in Aussprache und Grammatik (z. B. Großschreibung der Nomina, Anpassung an deutsche Grammatik/Satzbau: „downgeloadet"). Daneben gibt es im deutschsprachigen Raum etablierte Anglizismen, die semantisch eine andere Bedeutung tragen als in zielsprachlichen Ländern (*Handy* statt *mobile phone oder cell phone, Beamer* statt *projector*).

	Deutsche Aussprache	Englische Aussprache
smartphone	sma:ɐ̯t fo:n	sma:ɐ̯tfɔʊ̯n
CD player	tse:'de:plɛɪ̯ɐ	ˌsi: 'di:'pleɪə(r)
radio	ra:di̯o	reɪdɪəʊ

›››

Hörbeispiele im Englischen finden sich auf https://dictionary.cambridge.org/

Grundschulkinder sind sich nicht immer darüber im Klaren, dass Medienwörter, wie auch andere Wörter der Alltagssprache, ursprünglich aus dem Englischen stammen. Im Englischunterricht gilt es daher, das Bewusstsein hierfür zu schärfen und darauf zu achten, dass bei scheinbar bekannten Wörtern die zielsprachliche Bedeutung/Verwendung überprüft und die Schüler*innen für die Unterschiede in der Aussprache oder Schreibweise sensibilisiert werden.

3. Festigung (12 Minuten)

Nennen Sie einen Begriff und bitten alle Schüler*innen, mit dem Finger auf die entsprechende Bildkarte zu zeigen. Nach einigen Wiederholungen übernehmen einzelne Schüler*innen die Lehrerrolle.

S: *Please point to the newspaper. Please point to …*

Blitzlesen: Nehmen Sie die Wortkarten zur Hand und zeigen Sie allen Schüler*innen eine der Wortkarten für einen kurzen Moment. Nachdem die Schüler*innen ihre Vermutungen geäußert haben, was auf der Karte steht, zeigen Sie ihnen die Wortkarte und lassen Sie sie der dazugehörigen Bildkarte in der Kreismitte zuordnen.

What is it?

Nachdem alle Wortkarten in dieser Weise eingeführt wurden, erfolgt eine weitere Übung zur Festigung: Die Kinder schließen die Augen. Einige der Wortkarten werden währenddessen vertauscht und dann wieder in die richtige Reihenfolge gebracht.

Close your eyes. (Karten werden vertauscht)
Open your eyes. What's wrong?

1. Let's talk about media

Part 1: smartphone, laptop, screen and mouse

Arbeiten Sie gemeinsam mit den Kindern Besonderheiten der englischsprachigen Schreibweise heraus (z. B. Kleinschreibung der Nomina, Unterschiede in der Sprech- und Schreibweise, s. Tippkasten *Language awareness, S. 9*).

Nach dieser vornehmlich rezeptiven Phase üben die Kinder das Sprechen der Wörter. Sammeln Sie alle in der Kreismitte liegenden Flashcards und Wortkarten ein und wählen Sie eine aus. Wenden Sie sich dem rechts neben Ihnen sitzenden Kind zu, sprechen Sie das entsprechende Wort und übergeben Sie die Karte an das Kind. Dieses Kind wiederholt den Vorgang, wendet sich dem*der rechten Sitznachbar*in zu, spricht das Wort und überreicht die Karte. Sie selbst übergeben derweil auch dem links von Ihnen sitzenden Kind eine Karte, sodass die Flashcards sowohl nach rechts als auch nach links weitergegeben werden und alle Wörter (Bild und Wortbild) von allen Schüler*innen gesprochen werden.

Die Kinder setzen sich nun wieder an ihre Plätze.

Thank you very much. Go back and take your seats.

4. Arbeitsphase (15 Minuten)

Die Schüler*innen arbeiten nun individuell oder zu zweit am PC oder mit einem mobilen Endgerät (Tablet oder Smartphone). Mithilfe eines Scans des unten angegebenen QR-Codes kann eine Online-Webseite geöffnet werden, die den Wortschatz der Stunde mithilfe eines Zuordnungsspiels von Bild und Wort festigt.
Die Kinder ziehen dabei mittels der Maus oder eines Fingers die Wörter zu den richtigen Bildern. Wenn alle Wörter zugeordnet wurden, können die Kinder durch das Tippen/Klicken auf „Beenden" und die Bestätigung, ob man die Aufgabe wirklich beenden will, ihre Ergebnisse ansehen. Dabei sind richtig zugeordnete Wortbilder mit einem grünen Haken versehen und fehlerhafte mit einem roten Kreuz.

Please, open the camera/the QR scanner app and scan this QR code.

Falls Sie bzw. Ihre Klasse noch nicht mit QR-Codes vertraut sind (Näheres zu QR-Codes auf S. 30), führt auch folgender Link zur Webseite:
https://ispri.ng/zrXMM
Bitte beachten Sie, dass das Laden der Seite, je nach Verbindung, ein wenig dauern kann.

Please, open the web browser. Then type in the following address to open the website.

Modellieren Sie das Vorgehen zum Öffnen der Webseite (z. B. am interaktiven Whiteboard), um den Hörverstehensprozess zu unterstützen, und erklären Sie ggf. den Arbeitsauftrag.

Choose a word and drag it to the right picture. Do it again! At the end, click on „Ergebnisse überprüfen" on the bottom left. Then click on „Ja". Click on „Ergebnisse ansehen" to see your results. Or you try again and click on „Aufgabe wiederholen". If you want to stop the exercise, click on „Beenden" on the bottom right.

1. Let's talk about media

Part 1: smartphone, laptop, screen and mouse

Didaktische Reserve:
Schüler*innen, die vorzeitig fertig sind, können sich in 2er-Arbeit gegenseitig einzelne Begriffe der *media words* buchstabieren, indem sie sich abwechselnd auf den Rücken schreiben. Sie erraten, welches Medienwort ihnen auf den Rücken geschrieben wurde. Alternativ: Wenn das englische Alphabet bereits bekannt ist, können sich die Kinder die Wörter auch gegenseitig buchstabieren und ggf. auch schreiben.

5. Reflexion (3 Minuten)

Fragen Sie die Kinder, wie die Arbeit mit dem Zuordnungsspiel gelungen ist (z. B. mithilfe einer Daumenprobe). Gibt es Wörter, die noch Schwierigkeiten bereiten, z. B. in Bezug auf die Schreibweise? Überlegen Sie sich gemeinsam einen Lerntrick, wie man dieses Wort besser behalten könnte (z. B. Eselsbrücke, Ähnlichkeiten zu anderen Sprachen, auch Herkunftssprachen → *Language Awareness*).

How did it go? Do you know all media words?
Could you also write them?
Is there a word that is difficult to learn?
Do you have an idea how we can remember the word better? Maybe we can think of a …
What is the name for … in your language?

© Katja Hillscher

media nouns

smartphone	mobile phone	computer
tablet	laptop	TV
magazine	book	newspaper
CD player	video game controller	radio
mouse	screen	keyboard

© Verlag an der Ruhr | Autorinnen: Judith Bündgens-Kosten, Maria Sussex | www.verlagruhr.de

Let's talk about media

Part 2: Scroll, swipe, click and save

Darum geht's

Es werden englischsprachige Verben eingeführt und gefestigt, die wesentlich für den Umgang mit digitalen Medien sind.

Die Kinder …

- schulen ihr Hörverstehen, indem sie Erklärungen der Lehrkraft die wesentlichen Informationen entnehmen.
- verstehen häufig vorkommende Verben im Umgang mit Tablet und Smartphone und können adäquat darauf reagieren.
- kennen die Bezeichnungen wichtiger Verben im Umgang mit dem Computer und können diese aussprechen.

Materialliste

- Wortkarten *„computer verbs"* (S. 16)
- nach Verfügbarkeit: Tablet bzw. Smartphone, Ladekabel und Computermaus

Redemittel

rezeptiv	produktiv
• What is it? What do I do? • I click/move/swipe/switch on/off/scroll/plug in/save/delete/open/close. • Do the movement and let your partner guess. Take turns. • s. auch Textvorschläge für die Hörverstehensübung der Einstiegsphase	• click, move, swipe, scroll, plug in, switch on/off, save, delete, open, close

Das bereiten Sie vor

- Halten Sie die Wortkarten zu den Verben und die Geräte (mobiles Endgerät, Ladekabel, Computermaus) zu Demonstrationszwecken bereit.

Stundenverlauf

1. Einstieg (10 Minuten)

Wiederholen Sie den Wortschatz der letzten Stunde (s. S. 8), indem Sie Medien beschreiben und Kinder raten lassen, worum es sich handelt. Dabei kommt es nicht darauf an, dass die Schüler*innen alle Wörter verstehen, sondern sinnerschließend aus dem, was sie verstehen, Vermutungen anstellen. Setzen Sie Mimik und Gestik ein, um das Verständnis zu unterstützen (z. B. sich ein imaginäres Telefon an das Ohr halten bei *„making a phone call"*).

What is it?

L: *It looks like a big smartphone.*
S: *It's a tablet.*

L: *I have it in my bag. Mostly it's about making phone calls, but I can also take pictures or write messages.*
S: *It's a mobile phone/smartphone.*

L: *I can only listen to a CD when I have a …?*
S: *… CD player*

L: *A TV, a smartphone, a tablet, a laptop and a computer, they all have got a …?*
S: *… screen*

L: *I can only write on a computer when I have got a …?*
S: *… keyboard*

L: *It's made out of paper. Every day you can read about the news around the world. It's mostly about politics, sports and business.*

2. Let's talk about media

Part 2: Scroll, swipe, click and save

S: *It's a newspaper.*

L: *You can use it with your computer or laptop. It is small. It is not an animal but its name is still …*

S: *… mouse*

…

2. Hinführung (15 Minuten)

Fordern Sie die Kinder für die Einführung der Verben dazu auf, in den Sitzkreis (alternativ Kinositz) zu kommen.

Please come into the circle and take a seat.

Geben Sie den Schüler*innen einen Einblick in den Fokus der Stunde.

When we use digital media like a tablet in class, we sometimes click or scroll or swipe (gestisch unterstützen). *Today, we learn about these words.*

Führen Sie nacheinander die Verben ein, indem Sie auf einem zur Verfügung stehenden, digitalen mobilen Endgerät (z. B. Tablet oder Smartphone) und entsprechendem Zubehör (Computermaus, Ladekabel) die jeweiligen Handlungen anschaulich vormachen. Computerbefehle, wie *save*, *delete*, *open* und *close* führen Sie mithilfe von Gestik ein, um die inhaltliche Bedeutung der Verben hervorzuheben.
Nach der Einführung jedes Verbs wird das jeweilige Wortbild gut sichtbar ausgelegt und von allen Kindern gesprochen.

L: *I click on the tablet screen* (Wortkarte „click" anbringen) *…*
S: *click*

Tablet oder Smartphone

- (*to*) *click*: kurzes Tippen
- (*to*) *move*: mit ausgestrecktem Zeigefinger eine Strecke nachfahren
- (*to*) *swipe*: in eine Richtung wischen
- (*to*) *switch on/off*: Gerät ein-/ausschalten

Computermaus

- (*to*) *scroll*: Verschieben nach unten/oben (s. *swipe*) bzw. bei der Benutzung einer Maus: Drehen am Scroll-Rad der Computermaus

Ladekabel

- (*to*) *plug* in: Einstöpseln des Kabels

Gestische Mittel für Computerbefehle

- (*to*) *save*: Hände aufeinander zubewegen und verschränken
- (*to*) *delete*: verschränkte Hände öffnen und Finger in einer raschen Bewegung ausstrecken
- (*to*) *open*: ausgestreckte Arme
- (*to*) *close*: ausgestreckte Arme vor dem Oberkörper verschränken

3. Festigung (5–10 Minuten)

Die Kinder setzen sich wieder an ihre Sitzplätze. Bringen Sie währenddessen die Wortkarten an der Tafel an. Nacheinander kommen nun Kinder nach vorn und stellen ein Verb gestisch oder mithilfe eines Geräts bzw. Zubehörs dar. Die Klasse rät, um welches Verb es sich handelt.

S1: *What do I do?*
S2: *(You) click.*

2. Let's talk about media

Part 2: Scroll, swipe, click and save

4. Arbeitsphase (10 Minuten)

Now, it's your turn. Do the movement and let your partner guess. Take turns.

Die Kinder finden sich in 2er-Teams zusammen. Zeigen Sie hierfür einmal gemeinsam mit einem Kind exemplarisch, was zu tun ist. Anschließend arbeiten die Kinder gemeinsam mit ihrem Partnerkind. Auf dem Rücken des jeweiligen Partnerkindes wird eine Bewegung ausgeführt oder gestisch vorgemacht. Das Kind äußert seine Vermutung, welches Verb gemeint ist. Anschließend wird gewechselt und so lange geübt, bis sich die Kinder sicher fühlen.

Bewegungen am Tablet üben

Mithilfe der werbefreien, kostenfreien App „Wheels on the Bus" (verfügbar für Android und Apple von Khan Academy Kids App) lassen sich einige der Bewegungen am Tablet bzw. Smartphone spielerisch üben. Die App wird musikalisch von dem gleichnamigen *nursery rhyme* begleitet und lässt sich in verschiedenen Sprachen abspielen. Schüler*innen können auch eigene Audioaufnahmen mit ihr machen. Die App „Wheels on the Bus" könnte u. a. im Rahmen der Wochenplanarbeit oder beim Lernen an Stationen angeboten werden.

© Norbert Höveler

computer verbs

click	move	swipe
scroll	plug in	switch on/off
save	delete	open
close		

© Verlag an der Ruhr | Autorinnen: Judith Bündgens-Kosten, Maria Sussex | www.verlagruhr.de

3. What media do we use?
Eine Klassenumfrage

Darum geht's

Die Kinder verschaffen sich einen Überblick darüber, welche Medien (analog und digital) Mitschüler*innen der Klasse zu Hause nutzen und welche Medien bevorzugt werden.

• Fill in your results. How many pupils in your group use a smartphone/tablet/...?	• Do you use.../ watch TV/listen to the radio/read books? Yes, I do./No, I don't.

Die Kinder ...

- sprechen die englischen Bezeichnungen von Medien.
- befragen sich im Rahmen einer Umfrage gegenseitig zur Mediennutzung im häuslichen Umfeld und geben Auskunft darüber.
- ermitteln die Häufigkeiten der jeweiligen Nennungen zu Mediennutzung.
- verstehen Diagramme und entnehmen ihnen Informationen.

Materialliste

- Bild- und Wortkarten zu analogen und digitalen Medien (s. Kopiervorlagen zu „Let's talk about media", S. 12 und S. 16)
- falls vorhanden: tabletkompatible Präsentationsmöglichkeit (z. B. Beamer, großer Bildschirm, interaktives Whiteboard, Dokumentenkamera)
- Fragebögen „Media use in our class" (S. 20/21)
- Arbeitsblatt „Results of our group – Media use" (S. 22)

Redemittel

rezeptiv	produktiv
• Close/open your eyes. What's wrong? • You form a group. Interview each other. Decide who starts. Tick yes or no.	• mobile/cell phone, smartphone, computer, tablet, laptop, TV, book, CD player, reading pen, radio, video games

Das bereiten Sie vor

- Bringen Sie die Bildkarten zu den Medien an der Tafel an.
- Kopieren Sie die Fragebögen jeweils im halben Klassensatz – pro Kind sollte ein Fragebogen (Version A oder B) zur Verfügung stehen.
- Kopieren Sie das Arbeitsblatt „Results of our group–Media use" für jede 3er- oder 4er-Gruppe.
- Schreiben Sie verdeckt die Redemittel für die Befragung an die Tafel:
  Do you use a ... at home?
  Yes, I do./No, I don't.
- In der letzten Phase des Unterrichtsverlaufs (5. Ergebnissicherung/Abschluss) benötigen Sie die Internetseite www.meine-forscherwelt.de/diagramm/generator.html (z. B. auf dem interaktiven Whiteboard oder via Computer mit Beamer). Rufen Sie diese entsprechend schon rechtzeitig auf. Sie können natürlich auch einen anderen Online-Diagrammgenerator verwenden, sofern dieser ebenfalls kindgerecht aufbereitet ist.

Stundenverlauf

1. Einstieg (2 Minuten)

Begrüßen Sie die Klasse und berichten Sie vom Stundenziel. Geben Sie den Kindern einen Überblick zum Stundenverlauf.

Today, we want to find out what media you use at home, for example smartphones, tablets, books, computers, the radio and so on.
First, we start with repeating some words.

3. What media do we use?

Eine Klassenumfrage

Second, you will interview each other and then, third, we look at the results for our class.

2. Hinführung I (10 Minuten)

Verweisen Sie auf die Tafel, an der alle Bildkarten angebracht sind. Halten Sie eine Wortkarte hoch und sprechen Sie das Wort vor. Ein Kind ordnet die Wortkarte der entsprechenden Bildkarte zu. Dabei wird das Wort gemeinsam von allen Kindern im Chor gesprochen. Dies wird wiederholt, bis alle Wortkarten zugeordnet sind. Die Kinder lösen Sie ab und übernehmen die Rolle der Lehrkraft.
Bei dem anschließenden Spiel „What's wrong?" vertauschen Sie Wort- und Bildzuordnungen und lassen sie dann von den Kindern berichtigen. Der Wortschatz wird damit noch einmal gefestigt und gemeinsam gesprochen.

Close your eyes. (Karten werden vertauscht.) Open your eyes. What's wrong?

3. Hinführung II (5–8 Minuten)

Die Schüler*innen arbeiten zuerst zu zweit. Ein Kind erhält Fragebogen A und das andere Fragebogen B. Machen Sie die Befragung vor, indem Sie exemplarisch mit zwei Kindern Version A (Mond) und B (Sonne) des Fragebogens durchgehen. Dabei können die zwei Schüler*innen Sie abwechselnd befragen. Weisen Sie auf das vorbereitete Tafelbild mit den Redemitteln hin.

S1: *Do you use a CD player at home?*
L: *Yes, I do.*
S2: *Do you play video games at home?*
L: *No, I don't.*

Treten Probleme bei der Aussprache mancher Wörter auf, können diese erneut mit allen Kindern gemeinsam gesprochen und geübt werden.
Bilden Sie nun Gruppen von vier Kindern, sodass in jeder Gruppe zwei Kinder Fragebogen A (Mond) und zwei Kinder Fragebogen B (Sonne) bearbeiten. Gehen Sie nun auf den Ablauf der Befragung: Zunächst befragen sich jeweils die beiden Kinder mit unterschiedlichen Fragebögen (A – Mond oder B – Sonne) einmal gegenseitig und notieren die Antworten. Dann wechseln sie das Interviewpartnerkind. Sie arbeiten nun mit dem Kind ihrer Gruppe, das den gleichen Fragebogen wie sie hat. Damit wird sichergestellt, dass die Mediengewohnheiten aller Kinder in die Zählung einer Gruppe eingehen.

Murat, Elena, Finn and Kim, you form a group. Murat, you have got questionnaire A, the moon questionnaire! First, you interview Elena. She answers and you tick yes or no. Then switch. Elena, you interview Murat and tick the answers on your questionnaire B, the sun questionnaire. Finn and Kim, you do the same. Then, Murat, you interview Finn. He has got the questionnaire with the moon, too. And Finn interviews you. Don't forget to tick the answers. Elena, you interview Kim. You both have got the questionnaire with the sun. Then Kim interviews you.

Falls sich aufgrund der Anzahl der Schüler*innen nicht nur 4er-Gruppen bilden lassen, können Sie auch 3er-Gruppen bilden. Auch hier erhalten alle Kinder einen Fragebogen und befragen sich gegenseitig. Das Kind, dessen Fragebogen aufgrund der ungeraden Gruppengröße nur einmal vorhanden ist (z. B. Mond), tauscht nach dem Befragen zweier Kinder den Fragebogen mit einem Kind, das eine andere Version des Fragebogens hatte (z. B. Sonne). Diese zwei Kinder befragen sich nun erneut gegenseitig. Hierfür ist auf den Fragebögen ein drittes Interviewfeld vorgesehen – 4er-Gruppen benötigen dieses Feld nicht.

4. Arbeitsphase (8–10 Minuten)

Wenn die Kinder keine weiteren Fragen zum Ablauf haben, kann die Befragung beginnen.

Decide who starts with asking questions and then begin with your interviews!

3. What media do we use?
Eine Klassenumfrage

Die Kinder bewegen sich durch das Klassenzimmer oder verbleiben an Gruppentischen und führen die Umfrage durch.

Hinweis zur Differenzierung

Die Kinder können, je nach Leistungsstand und verbleibender Zeit, weitere Fragen stellen, z. B.:

- Of all media, what is your favourite type of media?
- What type of media do you like best for learning/studying?
- What type of media do you use most (for fun)?

5. Ergebnissicherung und Abschluss (15 Minuten)

Teilen Sie jeder Gruppe das Arbeitsblatt „Results of our group – Media use" aus, auf dem die Anzahlen pro Gruppe eingetragen werden können.

Get together in your groups and fill in your results. How many pupils in your group use a smartphone/tablet and so on?

Dann lenken Sie die Aufmerksamkeit der Kinder wieder auf sich.
Mithilfe eines Online-Diagrammgenerators (s. Tippkasten rechts, „Online-Diagrammgenerator" lassen sich die Ergebnisse nun kindgerecht in einer Grafik darstellen. Über den Beamer können die Schüler*innen nachvollziehen, wie Sie Titel und Achsen des Diagramms beschriften und die Häufigkeiten eintragen, die von den einzelnen Gruppen mitgeteilt werden.

Group A (B, C, D …), how many pupils in your group use a smartphone?

Erfragen Sie die Ergebnisse in gleicher Weise zu allen verbleibenden Fragen.

Um Zeit zu sparen, können die Zettel zu den Gruppenergebnissen auch eingesammelt und die Häufigkeiten von ausgewählten Schüler*innen, die als Assistent*innen fungieren, berechnet werden.

Das Eintragen der Daten führt zu einer grafischen Übersicht der Mediennutzung der Schüler*innen der Klasse (Titel: *Media use in our class*).
Stellen Sie Fragen zu jeder Grafik, um die Schüler*innen dabei zu unterstützen, Diagramme lesen und verstehen zu können.

How many pupils use the tablet, smartphone/read books … at home?
What type of media is used most often? What type of media is used least often in this class?
What is the most popular type of media?

Die Ergebnisse der Umfrage können bei ausreichend Zeit zudem noch besprochen werden:

What is the most surprising result?
Did you expect this outcome/numbers?

Online-Diagrammgenerator

In einer Folgestunde können die Schüler*innen auch animiert werden, mithilfe eines Online-Diagrammgenerators, z. B. www.meine-forscherwelt.de/text/diagramm-generator, eigene Diagramme zu erstellen.
Bekannter Wortschatz und Redemittel könnten hierfür erneut umgewälzt werden, indem die Schüler*innen Umfragen entwerfen, durchführen und Häufigkeiten ermitteln.

Es bietet sich an, ein Thema wie die eigene Mediennutzung parallel auch in anderen Fächern aufzugreifen. Die Seite www.internet-abc.de/ liefert hierfür sinnvolle Anregungen.

Media use in our class – questionnaire A

© Dorothee Wolters

Tick the answer ✔ and write.

name: ....

	YES	NO
Do you use a smartphone at home?		
Do you use a CD player at home?		
Do you use a reading pen at home?		
Do you listen to the radio at home?		
Do you watch TV at home?		

name: ....

	YES	NO
Do you use a smartphone at home?		
Do you use a CD player at home?		
Do you use a reading pen at home?		
Do you listen to the radio at home?		
Do you watch TV at home?		

Only for groups of 3:
name: ....

	YES	NO
Do you use a smartphone at home?		
Do you use a CD player at home?		
Do you use a reading pen at home?		
Do you listen to the radio at home?		
Do you watch TV at home?		

© Verlag an der Ruhr | Autorinnen: Judith Bündgens-Kosten, Maria Sussex | www.verlagruhr.de

Media use in our class – questionnaire B

Tick the answer ✔ and write.

name: ....

	YES	NO
Do you use a computer at home?		
Do you use a tablet at home?		
Do you read books at home?		
Do you play video games at home?		

---

name: ....

	YES	NO
Do you use a computer at home?		
Do you use a tablet at home?		
Do you read books at home?		
Do you play video games at home?		

Only for groups of 3:

name: ....

	YES	NO
Do you use a computer at home?		
Do you use a tablet at home?		
Do you read books at home?		
Do you play video games at home?		

© Verlag an der Ruhr | Autorinnen: Judith Bündgens-Kosten, Maria Sussex | www.verlagruhr.de

Results of our group – Media use

How many pupils …

… use a smartphone at home? ....

… use a CD player at home? ....

… listen to the radio at home? ....

… watch TV at home? ....

… use a computer at home? ....

… use a tablet at home? ....

… read books at home? ....

… play video games at home? ....

Illustrationen: © Norbert Höveler

© A-spring – Shutterstock.com

© Verlag an der Ruhr | Autorinnen: Judith Bündgens-Kosten, Maria Sussex | www.verlagruhr.de

Erste Schritte mit dem Tablet

Feed the monster!

Kochanweisungen geben und in einer App umsetzen

Darum geht's

In dieser Stunde geben sich die Kinder in 2er-Arbeit gegenseitig Kochanweisungen, führen diese mithilfe der App „Toca Kitchen Monsters" virtuell aus und füttern so zwei hungrige Monster.

Die Kinder …

- lernen Wortschatz aus dem Bereich *food* und *cooking* kennen und können diesen sprechen.
- greifen auf Wortschatz und Redemittel zum Themenbereich *food* und *cooking* zurück, um Mitschüler*innen mündlich Anweisungen zur Zubereitung von Lebensmitteln zu geben.
- schulen ihr Hörverstehen, indem sie den Kochanweisungen ihrer Mitschüler*innen folgen (*Total Physical Response*).

Materialliste

- Tablets mit der „Toca Kitchen Monsters"-App (Die App „Toca Kitchen Monsters", auf die sich die folgende Beschreibung bezieht, ist aktuell nur für iOS verfügbar. Es gibt jedoch viele verschiedene Versionen der „Toca Kitchen"-App, z. B. mit unterschiedlichen Figuren und unterschiedlicher Auswahl an Lebensmitteln. Diese Stunde lässt sich, mit kleineren Anpassungen im Wortschatz, mit allen diesen App-Versionen durchführen.)
- Bildkarten „food and cooking" (S. 109/110). Diese **farbigen Bildkarten** finden Sie hinten im Buch!
- Tafel
- falls vorhanden: tabletkompatible Präsentationsmöglichkeit (z. B. Beamer, großer Bildschirm, interaktives Whiteboard, Dokumentenkamera)

Redemittel

rezeptiv	produktiv
• What is it? • Repeat after me. • Take the mushroom/… from the fridge. • Take the knife and cut the meat/… in small/big pieces. • Put the tomato/… in the blender/microwave. • Boil the broccoli/… in a pot. • Cook the sausage/… in a pan. • Put some salt/pepper on it.	• mushroom, tomato, broccoli, lemon, carrot, sausage, meat, blue vegetable • Take the mushroom … from the fridge. • Take the knife and cut the meat/… in small/big pieces. • Put the tomato/… in the blender/microwave. • Boil the broccoli/… in a pot. • Cook the sausage/… in a pan. • Put some salt/pepper on it.

Das bereiten Sie vor

- Installieren Sie die kostenfreie, werbefreie App „Toca Kitchen Monsters" (bzw. eine andere „Toca Kitchen"-App) auf den Tablets. (Zur Benutzung der App ist kein Internetzugang notwendig.)
- Schreiben Sie ebenfalls die für die Hinführungsphase II benötigten Redemittel an die Tafel oder bereiten Sie die Projektion der Redemittel mittels Beamer/interaktiver Tafel vor:
  → *Take the … from the fridge.*
  → *Take the knife and cut the … in small/big pieces.*
  → *Put the … in the blender/microwave.*
  → *Boil the … in a pot.*
  → *Cook the … in a pan.*
  → *Put some salt/pepper on it.*
  → *Go back. Feed the monster!*

4. Feed the monster!

Kochanweisungen geben und in einer App umsetzen

Stundenverlauf

1. Einstieg (2 Minuten)

Begrüßen Sie die Klasse und erläutern Sie den Kindern, worum es in dieser Stunde geht.

Today, you will cook for two hungry monsters! You will use tablets and give each other cooking instructions and then feed the digital monsters. Let's start with practising important words.

2. Hinführung I (10–15 Minuten)

Führen Sie die Wörter für Lebensmittel und Küchengeräte, die in der App „Toca Kitchen Monsters" vorkommen, mithilfe von Flashcards ein. Dabei zeigen Sie eine Karte, erfragen das Vorwissen der Kinder (*What is it?*), sprechen das Wort vor und lassen die Klasse im Chor nachsprechen. Anschließend wird die Bildkarte gut sichtbar an der Tafel befestigt.

Sobald alle Bildkarten nebeneinander befestigt sind, werden alle Wörter noch einmal gemeinsam gesprochen. Danach werden die englischsprachigen Begriffe mithilfe eines Gedächtnisspiels geübt:
Drehen Sie eine Karte um, sodass das Bild nicht mehr sichtbar ist. Die Schüler*innen beginnen nun erneut, die komplette Reihe an englischsprachigen Wörtern aufzusagen, inklusive der nicht sichtbaren Bildkarte. Der Vorgang wiederholt sich bei jedem Durchgang, sodass optimalerweise am Ende alle Bildkarten umgedreht zu sehen sind und somit hohe Ansprüche an die Merkfähigkeit der Lerngruppe bei dem Benennen der Begriffe gegeben sind.
Die Anzahl der Karten sollte dabei auf etwa neun reduziert werden, damit es nicht zu schwierig wird. Hierfür können Sie Wortschatz, der bereits aus früheren Einheiten bekannt ist, an dieser Stelle aussortieren.

3. Hinführung II (12 Minuten)

Versammeln Sie die Klasse im Kinositz und halten Sie ein Tablet hoch. Demonstrieren Sie im Plenum die Zubereitung eines Gerichts für die zwei Monster mit der App „Toca Kitchen Monsters."

Come to the front, please.
First, I open the app. Now, I click on „play".
On a table, I see the pictures of two hungry monsters.
I want to cook for the blue monster and click on it.
Oh, the fridge is open. I take out a tomato. I click on the right and see a knife, a blender, a pot, a pan and a microwave. I click on the blender and cut the tomato into small pieces. When I click on the picture of the monster on the top left hand corner, I can go back and the food is put on the monster's plate. I put some salt and some pepper on it. Now, I feed the monster.
The fridge opens again and I take the blue vegetable.
I could start again with cooking.

Falls vorhanden, können Sie optional zur Demonstration auch eine Dokumentenkamera/einen Visualizer verwenden.

Dokumentenkamera

Dokumentenkameras (Visualizer) sind letztlich nichts anderes als eine moderne Form des Overheadprojektors. Eine Kamera filmt alles, was unter sie gelegt wird, und die Dokumentenkamera sendet das Videosignal z. B. an einen Beamer.
Wenn Sie Abläufe auf einem Tablet demonstrieren, können Schüler*innen dies per Dokumentenkamera besonders gut verfolgen. Sie sehen dann nicht nur ein projiziertes Bild des Tablets, sondern auch, worauf Sie jeweils klicken.

›››

4. Feed the monster!

Kochanweisungen geben und in einer App umsetzen

Auch zur Präsentation von digitalen Arbeitsergebnissen ist die Dokumentenkamera nützlich. Die Schüler*innen legen einfach das Tablet unter die Kamera und spielen ihren Film ab, klicken sich durch ihre digitale Geschichte etc. Die Bildqualität ist aber natürlich nicht so gut wie bei einer direkten Datenverbindung zwischen Tablet und Beamer.

Verweisen Sie auf die Redemittel an der (interaktiven) Tafel oder auf dem mithilfe eines Beamers projizierten Bildes und klären Sie ggf. gemeinsam mit den Kindern die Bedeutung der Redemittel.
Die Schüler*innen sprechen die Redemittel noch einmal. Modellieren Sie die nachfolgende 2er-Arbeit mit einem Kind. Sie geben die Anweisungen und lassen das Kind die Zubereitung am Tablet mit der App ausführen – anschließend wird gewechselt.

L: *Take out the lemon. Take the knife and cut the lemon into big pieces. Go back. Put some salt on it and then, feed the monster. Well done! Now, we switch. You give the instructions and I cook.*
S: *Take out the meat. Cook the meat in a pan. Go back. Feed the monster.*

Die Redemittel verbleiben auch während der nachfolgenden Arbeitsphase gut sichtbar an der Tafel.

4. Arbeitsphase (15 Minuten)

Die Tablets werden jeweils an zwei Kinder, die gemeinsam arbeiten, verteilt. Der Arbeitsauftrag wird den Schüler*innen mitgeteilt:

Open the app. Decide who starts giving cooking instructions and who cooks. When you have fed a monster, switch. You have 15 minutes.

Bei Bedarf können Sie die Schüler*innen unterstützen. Notieren Sie sich beim Beobachten der Kinder sprachliche Auffälligkeiten, die in der nachfolgenden Phase der Reflexion aufgegriffen, erneut geklärt oder als besonders gelungen hervorgehoben werden können.

5. Abschlussreflexion (3–5 Minuten)

Die Tablets werden eingesammelt. Holen Sie Rückmeldungen zur Stunde ein und bringen Sie ggf. die eigenen Beobachtungen ein.

Did you manage to feed the monsters? What was difficult? What was easier? To give cooking instructions or to cook? Why? What helped you?
Did you switch roles?
I observed that …
Thank you. Good bye.

Toca Kitchen

Bei einer weiteren App mit dem Namen „Toca Kitchen" (kostenpflichtig für iOS, kostenfrei für Android) können anstatt der zwei Monster vier andere Charaktere (Mädchen, Junge, Kuh, Katze) bekocht und gefüttert werden. Im Kühlschrank befinden sich weitere bekannte Lebensmittel aus dem Wortfeld *food*. Es gibt zudem die Möglichkeit, eine vegetarische Version auszuwählen, sodass im Kühlschrank kein Fleisch und kein Fisch mehr vorzufinden sind.

5. Draw and guess!

Auf dem Tablet einfache Skizzen anfertigen

Darum geht's

In dieser Stunde sollen die Kinder in 2er-Arbeit mit digitalen Endgeräten nach den Regeln des bekannten Spiels „Montagsmaler" spielen und dabei bekannten Wortschatz wiederholen.

Die Kinder …

- sprechen und kennen bekannten Wortschatz aus einem oder mehreren Themenbereichen.
- fertigen skizzenhafte Zeichnungen zu bekanntem Wortschatz an.

Materialliste

- Tablets (optimalerweise ein Tablet für 2 Kinder) mit vorinstallierter Notizen-App oder anderem Zeichenprogramm (s. Tippkasten rechts, „Zeichnen mit der Notizen-App")
- Sind nur wenige Tablets vorhanden, können einige Schüler*innen mit Tablets, die anderen mit Papier arbeiten. Dann sollte aber Sorge getragen werden, dass die Kinder, die in dieser Sitzung Papier genutzt haben, in einer anderen Sitzung Gelegenheit haben, mit den Tablets zu arbeiten.
- Flashcards zu einem aktuellen Themenbereich des Englischunterrichts
- ggf. Eingabestifte
- ggf. englischsprachige Bildwörterbücher
- falls vorhanden: tabletkompatible Präsentationsmöglichkeit (z. B. Beamer, großer Bildschirm, interaktives Whiteboard, Dokumentenkamera)

Redemittel

rezeptiv	produktiv
• What is it? • Decide who starts drawing. • Switch roles!	• What is it? • It's a … • Yes, it is./No, it isn't. • bekannter Wortschatz einer oder mehrerer Einheiten

Das bereiten Sie vor

- Machen Sie sich mit der Notizen-App des Tablets vertraut. (Zur Benutzung der App ist kein Internetzugang notwendig.)
- Bereiten Sie ggf. die Übertragung und Projektion zu Stundenbeginn mittels Beamer/interaktiver Tafel vor.

Zeichnen mit der Notizen-App

Skizzenhafte Zeichnungen, wie sie in dieser Stunde von den Kindern erstellt werden sollen, gelingen bereits mit Notizprogrammen (z. B. „Samsung Notes" für Android), die auf mobilen Endgeräten vielfach vorinstalliert sind und daher bereits kosten- wie werbefrei zur Verfügung stehen.
Darüber hinaus bietet der Markt weitere digitale Notizbücher (z. B. „OneNote" für Android, „Goodnotes", „Notability" für iOS) und versierte Zeichen- und Gestaltungsprogramme (z. B. „Vectornator", „ProCreate") an, die aber größtenteils kostenpflichtig sind.
Für alle Tablet-Marken gibt es digitale Eingabestifte mit zusätzlichen Funktionen (aktive Eingabestifte, z. B. Apple Pencil, Samsung S Pen), die relativ teuer und druckempfindlich sind.

›››

5. Draw and guess!
Auf dem Tablet einfache Skizzen anfertigen

Als Eingabehilfen gibt es aber auch sogenannte passive Eingabestifte (kapazitative Eingabestifte), die letztlich nur den Finger ersetzen und keine weiteren Funktionen haben. Diese sind oft sehr preisgünstig und erlauben dennoch ein präziseres Zeichnen als mit dem Finger allein. Speziell für Kinder und Menschen mit motorischen Einschränkungen gibt es auch extradicke und gut zu haltende Eingabestifte.

Eingabestifte (auch Stylus oder Touchpen genannt) können genutzt werden, ihr Einsatz ist aber nicht zwingend notwendig. Die Zeichnungen können auch ohne Eingabestift, mit dem Finger auf dem berührungsempfindlichen Bildschirm (Touchscreen), ausgeführt werden.

Stundenverlauf

1. Einstieg (10 Minuten)

Versammeln Sie die Schüler*innen im Kinositz.

Come to the front, please.

Fertigen Sie, ohne etwas dazu zu sagen, im geöffneten Notizenprogramm eine Zeichnung von einem Möbelstück, einem Tier, einer Frucht etc. (je nach aktuellem Themenbereich des Englischunterrichts) an. Das Ganze wird über den Beamer projiziert oder durch Hochhalten des Tablets gezeigt. Die Kinder unterbreiten im Anschluss ihre Ideen, worum es sich handeln könnte.

L: *What is it?*
S: *It's a … (lion, chair, etc.* – je nach aktuellem Themenbereich*)*

Der Vorgang wird noch einige Male wiederholt. Ggf. können an dieser Stelle bereits ein oder zwei Kinder eine Zeichnung anfertigen und die Klasse anschließend dazu befragen.

S1: *What is it?*
S2: *It's a hot dog.*
S1: *Yes, it is. / No, it isn't.*

Teilen Sie nun den Schüler*innen das Stundenziel mit:

Today, we will play this game and practise (vocabulary on fruit, furniture, animals …/ words we know in English). Before we start, let's repeat some words.

2. Hinführung (5 Minuten)

Wiederholen Sie kurz den bereits eingeführten Wortschatz zu einem Themenbereich mithilfe von Flashcards, hier am Beispiel der spielerischen Übung *Hands up*. Die Übung kann im Kinositz oder im Plenum erfolgen. Dabei gewinnen die Kinder erneut einen Überblick über den Wortschatz der Einheit.

Hands up: Sie als Lehrperson und nachfolgend einzelne Kinder der Klasse halten eine Bildkarte gut sichtbar hoch und nennen mehrere englischsprachige Bezeichnungen, deren Bedeutungen jedoch nicht mit dem Bild der Flashcard übereinstimmen müssen. Wenn das vorgetragene Wort und das Bild nicht übereinstimmen, signalisiert die Klasse dies durch das Heben der Hände. Wenn Wort und Bild übereinstimmen, wiederholt die ganze Klasse im Chor den englischsprachigen Begriff.

3. Arbeitsphase (15 Minuten)

Bilden Sie Gruppen von je zwei Kindern, die gemeinsam an ihren Plätzen arbeiten. Jedes Team erhält ein Tablet. Demonstrieren Sie das Öffnen des Zeichenprogramms. Die Schüler*innen führen dies zeitgleich mit aus. Unterstützen Sie sie bei Bedarf.

5. Draw and guess!

Auf dem Tablet einfache Skizzen anfertigen

***(Notes/iOS):** Switch on your tablet. Open „Notes". On the top right hand side there is a square with a pencil. Click on it. On the bottom right there is the picture of a pencil. Click on the pencil. Now, choose the black pencil and start drawing.*
When you are done, you want a blank page again, so click on the rubber.

***(Samsung Notes, Android)** Switch on your tablet. Open „Samsung Notes". On the bottom right there is an orange and white „plus" button. Click on it. Now, on the top, there's a brush and a palette. It says „Pinsel". Click it. Choose the black pencil and start drawing.*
When you are done, click the little rubber icon on the bottom. You can now erase your drawing.

Wenn Sie den Vorgang unter einer Dokumentenkamera zeigen, ist es besonders leicht nachzuvollziehen, wie Sie vorgehen. Die Schüler*innen sehen einerseits den Bildschirm des Tablets, andererseits die Position Ihres Fingers.

Erklären Sie als Nächstes den Arbeitsauftrag:

Decide who starts drawing. Draw something that we have already learned in class (such as food, a piece of furniture or an animal). When your partner has guessed correctly, switch roles! When your partner does not know the word, help him/her, say the word and then switch. Now, your partner draws and you guess. You have 10 minutes.

Hinweis zur Differenzierung: Für leistungsstärkere Kinder und für diejenigen, die den Wortschatz schnell mithilfe des Spiels wiederholt haben, kann die Aufgabe erweitert werden. Die Kinder können dann, ggf. unter Zuhilfenahme von Lernmaterialien (z. B. abgeheftete Arbeitsblätter, *activity/pupil's books*, Bildwörterbücher) beliebige Wörter aus dem bereits behandelten Wortschatz für das Partnerspiel nutzen.

4. Reflexion (5 Minuten)

Die Tablets werden eingesammelt. Holen Sie Rückmeldungen zur 2er-Arbeit ein und bringen Sie ggf. die eigenen Beobachtungen ein.

How was it? Was it easy to guess the words from the drawings?
Was there a word you did not know?

5. Abschluss (10 Minuten)

Teilen Sie die Klasse für ein Abschlussspiel in zwei Gruppen auf. Abwechselnd kommt aus jeder Gruppe je ein Kind nach vorn und zeichnet einen Begriff, den Sie ihm vorher ins Ohr flüstern. Die Zeichnung erfolgt entweder an der Tafel, dem Whiteboard oder der interaktiven Tafel bzw. über ein Tablet (Projektion des Tabletbildes über den Beamer/auf einen größeren Bildschirm bzw. unter der Dokumentenkamera).
Die Gruppe, die als erste den Begriff errät, erhält einen Punkt. Das Spiel endet, wenn eine Gruppe fünf Punkte hat.

The group that has got five points, wins.

Warum „Montagsmaler" per Tablet?

Es gibt prinzipiell keinen didaktischen Vorteil dadurch, „Montagsmaler" am Tablet statt auf Papier durchzuführen. Diese Stunde ist jedoch sehr gut geeignet, wenn Schüler*innen noch nicht viel Erfahrung mit dem Einsatz von Tablets im Unterricht haben. Die Aufgabe selbst ist sehr einfach, übt aber ein, das Tablet ganz grundlegend zu bedienen und ggf. einen Eingabestift zu nutzen. Die Stunde bietet auch genug zeitliche Flexibilität, um Verhaltensregeln mit dem Tablet kurz zu thematisieren.

Scan the QR code!

Eine QR-Code-Schnitzeljagd im Klassenzimmer

Darum geht's

Die Kinder absolvieren eine QR-Code-basierte Lese-Schnitzeljagd im Klassenzimmer – ganz ohne Internet-zugang.

Die Kinder …

- scannen QR-Codes.
- führen einfache geschriebene Anweisungen aus (Ort aufsuchen, Bewegung ausführen).

Materialliste

- Kopiervorlage „QR Code Paper Chase" (S. 33/34)
- etwas Klebestreifen/Klebepads/etc.
- Arbeitsblatt „Our Paper Chase Logbook" (S. 35)
- Übungsaufgaben für die Einzel- oder 2er-Arbeit nach Wahl, für die gerade wartende(n) Gruppe(n) (z. B. Arbeitsblätter zum aktuellen Thema)
- digitale Endgeräte mit QR-Code-Scan-Funktion (i. d. R. Tablets, ggf. alte Smartphones ohne Internet zugang). Tablets sollten mit einer robusten Hülle geschützt werden. Empfehlenswert sind Hüllen mit Griffhilfe.

Redemittel

rezeptiv	produktiv
• Touch your feet/ears/nose/head/hair! • Jump up! Clap your hands! Raise your arms! • Sit down! • Stand up! • Count from 12 to 1/12 to 1. • I spy with my little eye … something … red! • Sing an English song! • Then, scan the QR code on/under/next to/on the left hand side of/the chair/your teacher's desk/the window/the door/the blackboard/the window. • Oops! That's wrong! • Go to your teacher.	• QR code • Zahlen von 1–12 • Hello! My name is … I am … years old.

Das bereiten Sie vor

- Fertigen Sie eine Kopie der Kopiervorlage „QR Code Paper Chase" an. Schneiden Sie die Karten so aus, dass jeweils ein QR-Code und eine Zahl/ein Symbol auf einer Karte sind. Befestigen Sie die Karten im Klassenzimmer entsprechend den Anleitungen in der ersten Spalte der Kopiervorlage.
- Kopieren Sie das Arbeitsblatt „Our Paper Chase Logbook" für jede Gruppe ein Mal.
- Stellen Sie sicher, dass auf den zu verwendenden Geräten eine QR-Code-Scan-App vorhanden ist (z. B. die reguläre Kamera-App bei iPhones, eine spezialisierte QR-Code-Scan-App bei Android).
- Internetzugang ist nicht notwendig! Dieser wird für QR-Codes nur benötigt, wenn z. B. über einen Link eine Webseite aufgerufen werden soll. Für diese Anwendung, das Auslesen von Text, können die Geräte offline sein.
- Machen Sie sich selbst mit der QR-Code-Scanfunktion vertraut.
- Schreiben Sie „QR code" an die Tafel.

6. Scan the QR code!

Eine QR-Code-Schnitzeljagd im Klassenzimmer

QR-Codes scannen üben

Wenn Schüler*innen souverän mit QR-Codes umgehen können, ist es relativ einfach, auch lange Internetlinks im Klassenzimmer zu teilen, deren Abtippen sehr umständlich wäre. Sie projizieren dann einfach einen QR-Code via Beamer oder interaktivem Whiteboard oder hängen einen Ausdruck an die Tafel oder Wand. So können Schüler*innen selbstständig z. B. Videos anschauen, Bilder aufrufen etc.

Neben der hier vorgestellten QR-Code-Schnitzeljagd stellt das Buch „Was ist denn hier passiert?" eine weitere Möglichkeit dar, das Scannen von QR-Codes zu üben und die dazu notwendigen Handgriffe zu automatisieren. Jedes Bild im Buch stellt eine ungewöhnliche Situation dar. Um zu erfahren, wie es dazu gekommen ist, muss ein QR-Code gescannt werden, der ein Video aufruft (hierfür ist dann Internetzugang notwendig).
Das Buch stellt auch einen tollen Anlass für kommunikative Aufgaben dar, die aber aufgrund der benötigten sprachlichen Kompetenzen am ehesten im Deutschunterricht oder im muttersprachlichen Unterricht zum Zug kommen.

Penzek, T. (2015). *Was ist denn hier passiert?: Ein Bilderbuch mit zwölf Trickfilmen.* München: Tulipan Verlag.

Stundenverlauf

1. Einstieg (5 Minuten)

Verweisen Sie auf den Begriff „QR code" an der Tafel und eruieren Sie das Vorwissen der Schüler*innen.

Do you know what a QR code is?
(auf die Abbildung eines QR-Codes zeigen)
Look, this is a QR code.

Gehen Sie dann auf das Stundenziel ein.

Today, we'll be doing a paper chase (Schnitzeljagd) – a paper chase using QR codes.

2. Hinführung (5 Minuten)

Demonstrieren Sie das Scannen eines QR-Codes: Öffnen Sie hierzu die entsprechende App, richten Sie die Kamera auf den Code und scannen Sie diesen.

I open the app. Then I hold the camera and scan the QR code. Now, I click.

Wählen Sie ein Kind aus, das ggf. unter Anleitung den Prozess des Lesens eines QR-Codes noch einmal durchführt.

Open the QR code app. Hold the camera over the QR code. Click here.

3. Arbeitsphase (2 x 15 Minuten)

Es arbeiten jeweils zwei oder drei Kinder an einem Tablet. Um die Schnitzeljagd zu entzerren, bietet es sich an, die Gruppen zeitlich versetzt starten zu lassen, sodass einige Gruppen direkt damit beginnen und andere zuerst an einem anderen Lernangebot arbeiten (z. B. Arbeitsblatt). Erstere Gruppen wenden sich dann im Anschluss an die erfolgreiche Schnitzeljagd der Lern- bzw. Übungsaufgabe zu. Dieses Vorgehen kann auch eine pragmatische Lösung darstellen, wenn in der Klasse keine ausreichende Anzahl von Tablets zur Verfügung steht.

Um die Schnitzeljagd noch weiter zu entzerren, gibt es zwei Einstiege: Einstieg „Viereck" und Einstieg „Kreis". Die Variante „Kreis" ist etwas kürzer. Der Schwierigkeitsgrad ist ansonsten identisch.

6. Scan the QR code!

Eine QR-Code-Schnitzeljagd im Klassenzimmer

Group 1, 2 … you start with the paper chase. When you have finished, you sit down and (do the worksheet/work on …). The other groups, you start with (the worksheet/…) and then later, you do the paper chase.

Die Gruppen, die mit der Schnitzeljagd beginnen, werden gesondert instruiert:

Work together. One of you holds the tablet and scans the QR code. One of you carries the logbook. After each station, you switch roles. Your group, you start with the circle. And this group, you start with the square.

- *Go to the circle/square.*
- *Scan the QR code. Read the text. Do what it says.*
- *On your logbook, draw the lines.*

You must be very careful with the tablet. Do not run with it. Do not jump with it. Be careful!

Die letzte Station führt die Schüler*innen zurück zu Ihnen. Gratulieren Sie den Gruppen jeweils zum erfolgreichen Abschluss der Schnitzeljagd.

4. Ergebnissicherung/Abschluss (5 Minuten)

Am Ende vergleichen die Schüler*innen ihre Lösungen, indem sie die Zahlen vorlesen und vergleichen.

Look at your logbook. What numbers did you go to?

Korrekte Lösung:

Start ■ – 7 – 2 – 5 – 4 – 1 – 3 – Finish
Start ● –2 – 5 – 4 – 1 – 3 – Finish

Lesespurgeschichten

Die weniger bewegungsintensive Form einer solchen Schnitzeljagd ist die „Lesespurgeschichte". Auch hier lesen die Schüler*innen eine Anleitung und nutzen sie, um einer „Lesespur" auf einer Karte oder einem Bild zu folgen. Lesespurgeschichten für den Englischunterricht der Grundschule finden sich etwa hier:

Rook, S. (2019). *Differenzierte Lesespurgeschichten Englisch: Lerninhalte vermitteln und erstes sinnentnehmendes Lesen in den Klassen 3 und 4 fördern* (Grundschule). Augsburg: Auer.

QR Code Paper Chase

Wo anbringen?	Text	Zahl	QR-Code (zum Ausschneiden)
Beliebig	Touch your feet! Touch your head! Jump up! Raise your arms! Then, scan the QR code on the chair.	■	
Auf einem Stuhl, der prominent in der Nähe des Vierecks steht	Sit down! Stand up! Clap your hands! Then, scan the QR code on your teacher's desk!	7	
Beliebig	Touch your ears! Touch your nose! Touch your hair! Then, scan the QR code under your teacher's desk!	●	
Unter dem Lehrertisch	Sing an English song! Then, scan the QR code under the window.	2	
Auf dem Lehrertisch	Oops! That's wrong! You need to look UNDER your teacher's desk!	8	

© Verlag an der Ruhr Autorinnen: Judith Bündgens-Kosten, Maria Sussex | www.verlagruhr.de

QR Code Paper Chase

Wo anbringen?	Text	Zahl	QR-Code (zum Ausschneiden)
Unter einem Fenster	Count from 1 to 12: One, two … Then, scan the QR code next to the door.	5	
Neben einer Tür	Count from 12 to 1: Twelve, eleven … Then, scan the QR code on the left side of the blackboard.	4	
Linke Seite der Tafel	I spy with my little eye … something … red! Find 5 red things. Then, scan the QR code on the window.	1	
Rechte Seite der Tafel	Oops! That's wrong! Look at the LEFT side of the blackboard!	6	
An einer Fensterscheibe	Go to your teacher. Say: „Hello! My name is … I am … years old."	3	

© Verlag an der Ruhr | Autorinnen: Judith Bündgens-Kosten, Maria Sussex | www.verlagruhr.de

Our Paper Chase Logbook

These are the stations we visited:
Draw lines.

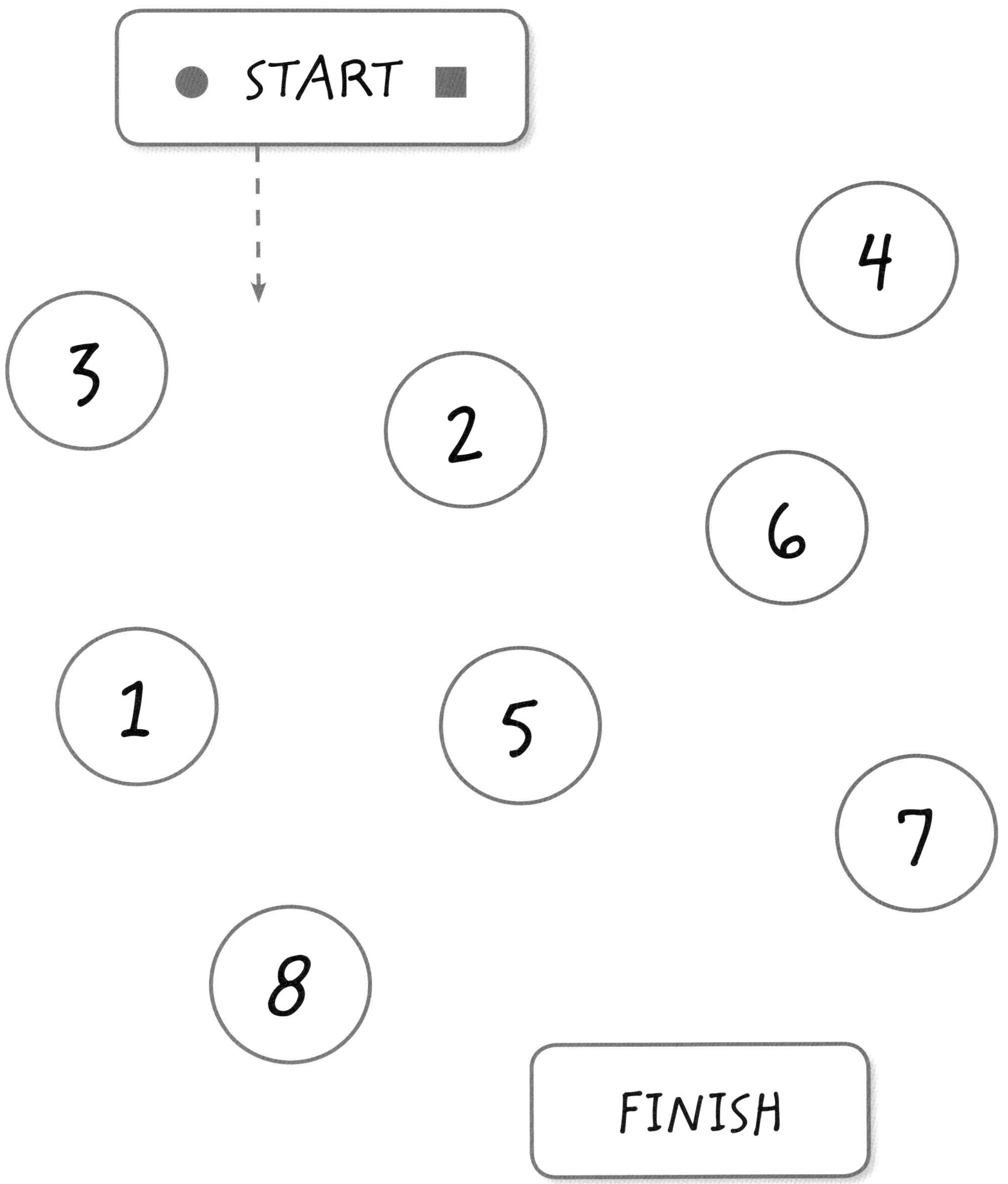

 © Verlag an der Ruhr | Autorinnen: Judith Bündgens-Kosten, Maria Sussex | www.verlagruhr.de

Languages around me

Die sprachliche Lebenswelt fotografisch dokumentieren

Darum geht's

Die Kinder gehen auf eine Sprachen-Fotosafari und entwickeln dabei ein Bewusstsein für Wörter in verschiedenen Sprachen in ihrer Umgebung (*Linguistic Landscaping*).

Die Kinder …

- finden Wörter oder Texte in verschiedenen Sprachen in ihrer Umgebung und dokumentieren sie fotografisch.
- stellen die Fotos vor und benennen die dort enthaltenen Sprachen.

Materialliste

- Tablets, idealerweise mit Griffhilfe; alternativ andere Geräte, mit denen fotografiert werden kann (z. B. alte Smartphones – auch ohne SIM-Karte –, digitale Fotoapparate)
- je nach verwendetem Gerät: Kabel zur Datenübertragung auf den Computer oder auf die interaktive Tafel
- falls vorhanden: tabletkompatible Präsentationsmöglichkeit (z. B. Beamer, großer Bildschirm, interaktives Whiteboard, Dokumentenkamera)

Redemittel

rezeptiv	produktiv
• Look. • What is it? • What else can you see? • What language is it? Is it English (German …)? • Can you read it? • What does it mean? • Take a photo.	• Take a photo. • This is English/French/Russian/German … • I don't know.

Das bereiten Sie vor

Sammeln Sie zwei Objekte aus dem Umfeld des Klassenzimmers oder der Schule, auf denen sich Text in einer anderen Sprache als Deutsch befindet. Alternativ können Sie auch Fotos von diesen Objekten machen. Idealerweise sollte sich darunter auch englischer Text befinden. Beispiele: Saft-Trinktütchen, Schuhkarton, Willkommensschild am Schuleingang, Beschriftung innerhalb eines Aufzugs, vom Schulhof aus sichtbares Werbeplakat, etc.

Stundenverlauf

1. Einstieg und Hinführung (10 Minuten)

Stellen Sie den Kindern eines der gesammelten Objekte vor.

Look at what I have found at our school. What is it? It's a …

Wenn es ein physisches Objekt ist, so geben Sie es einem der Kinder. Bei einer Fotografie würde diese über Projektor, interaktives Whiteboard oder Dokumentenkamera allen gezeigt (s. Tippkasten „Arbeitsergebnisse zeigen: Tablet mit Beamer oder Monitor verbinden", S. 37).

Sammeln Sie weitere Beobachtungen der Schüler*innen:

What else can you see?

Die in Deutsch und/oder Englisch von den Schüler*innen geäußerten Beobachtungen werden wiederholt und ggf. auf Englisch übersetzt. Wenn einem Kind auffällt, dass das Objekt/Foto Text enthält, fahren Sie fort:

*What language is it? Is it English? Is it German? (ggf. weitere Namen von Sprachen, die den Schüler*innen bereits bekannt sind, ergänzen) Can you read it? What does it mean?"*

7. Languages around me

Die sprachliche Lebenswelt fotografisch dokumentieren

Das gleiche Verfahren wird mit einem weiteren Gegenstand/Bild wiederholt.

Look. What is it? What language is it? Can you read it? What does it mean?

Arbeitsergebnisse zeigen: Tablet mit Beamer oder Monitor verbinden

Oft sollen digitale Arbeitsergebnisse gezeigt werden. Hierzu gibt es viele technische Möglichkeiten. Ist ein Beamer oder ein großer Bildschirm vorhanden, so kann ein Tablet per Kabel (z. B. HDMI Kabel mit HDMI-USB-C-Adapter bzw. passendem Adapter für Apple Geräte) oder kabellos damit verbunden werden. Die technischen Möglichkeiten ändern sich hierbei natürlich ständig. Informieren Sie sich im Internet oder bei Kolleg*innen über den aktuellen Stand und die Möglichkeiten an Ihrer Schule.

2. Arbeitsphase (20 Minuten)

Teilen Sie die Klasse in Gruppen von drei oder vier Schüler*innen ein. Jede Gruppe erhält ein Gerät, mit dem fotografiert werden kann.

These are tablets/cameras/smartphones. You can take photos with them. Who knows how to take a photo?

Ein Kind erklärt exemplarisch die Aktivierung der Kamerafunktion an einem Gerät. Bei unterschiedlichen Gerätetypen zeigen sich die Schüler*innen gegenseitig, wie man mit dem jeweiligen Gerät fotografiert. Helfen Sie bei Bedarf. Falls es in der Schule Vorgaben zum Fotografieren/Nicht-Fotografieren von Mitschüler*innen gibt, erinnern Sie ggf. an diese Vorgaben.

Teilen Sie dann den Schüler*innen den Arbeitsauftrag mit:

Go around here at school and find words in different languages. When you have found a word that is not German, take a photo. Then, move on and find another word in another language and again, take a photo.
You may take photos in our classroom or on the corridor/in the cafeteria/... Do not leave the school grounds.
One of you carries the tablet/camera/smartphone.
Be careful! Don't run with it!
Take turns when taking the photos.
One of you will be the time keeper.
Who will carry the tablets/cameras/smartphones?
Who will be the time keeper?

Stellen Sie sicher, dass sich in jeder Gruppe ein Kind bereiterklärt, die entsprechenden Rollen zu übernehmen.

You have ten minutes. Then come back to the classroom.

Versichern Sie sich, dass die Schüler*innen die Anweisung verstanden haben, etwa indem Sie ein Kind bitten, sie noch einmal auf Deutsch zu wiederholen.

3. Präsentation und Abschluss (15 Minuten)

Nach der Rückkehr der Kinder in das Klassenzimmer sammeln Sie die digitalen Geräte ein und bereiten das Zeigen der Fotos vor. Dies kann je nach Ausstattung des Klassenzimmers und der verwendeten Geräte unterschiedlich verlaufen (s. Tippkasten links „Arbeitsergebnisse zeigen: Tablet mit Beamer oder Monitor verbinden").
Zeigen Sie die Fotos und bitten Sie die Schüler*innen, bei den jeweiligen Fotos die Sprache zu identifizieren:

L: *What language is it?*
S: *It's English/French/Russian/German.*
bzw.
S: *I don't know.*

7. Languages around me

Die sprachliche Lebenswelt fotografisch dokumentieren

Bei Bedarf führen Sie dabei weitere Namen von Sprachen ein, die Sie an die Tafel schreiben und von den Schüler*innen nachsprechen lassen.

Wenn die Kinder schon Grundvokabular im Bereich „Schulgelände" besitzen, kann bei der Präsentation auch die Frage *„Where did you take the photo?"* gestellt und beantwortet werden.

Weitere Möglichkeiten zur Vertiefung bieten die Fragen *„What is it?", „Can you read it?"* und *„What does it mean?"*. Als weitere Frage könnte auch *„Why is the text written in English/French/…?"* gestellt werden. Damit könnte ein bewusstes Nachdenken über Sinn und Zweck mehrsprachiger Beschriftungen angestoßen werden.

Erweiterungsideen zu „Languages around me"

Sind die Schüler*innen schon gut mit Tablets und deren Foto-Funktion vertraut, so können die Erklärungen zur Arbeitsphase verkürzt werden. Stattdessen könnten die Schüler*innen die gemachten Fotos digital aufbereiten, z. B. mittels „Book Creator"-App (Foto ergänzen mit Fundort des Objekts und Sprache) oder Sie verlängern die „Such-Phase".
Wenn auch die Familiensprachen der Schüler*innen sichtbar werden sollen, bietet es sich an, die Schüler*innen die Fotosafari auch zu Hause fortsetzen zu lassen. So wäre es möglich, in einer Folgestunde weitere Fotos zu zeigen und die darauf sichtbaren Sprachen zu benennen.

© Norbert Höveler

Wörter, Wortschatz, Vokabeln üben

My favourite things

Wordles erstellen

Darum geht's

In dieser Stunde sollen die Kinder ein *Wordle* (Wortbild) zu einem Themenbereich erstellen und dazu verschiedene Recherchemittel nutzen.

Die Kinder …

- befragen sich gegenseitig zu ihren Interessen, Vorlieben und Lieblingsdingen und geben darüber Auskunft.
- finden mithilfe von bereits eingeführten Recherchemitteln (z. B. Grundschulwörterbüchern, Wandpostern, Englischheftern) passende Wörter und schreiben diese ab.
- erstellen ein *Wordle.*
- lernen grundlegende visuelle Gestaltungsmittel (Farben, Form, Schriftart) kennen und wenden sie gestalterisch an.
- präsentieren ihre *Wordles* den Mitschüler*innen.

Materialliste

- Tablets mit der „*Word Cloud*"-App (Android). (Die folgende Beschreibung bezieht sich auf die App. Sie können aber auch eine von zahlreichen im Internet auffindbaren Seiten zur Erstellung von *word clouds* verwenden – hierfür benötigen Sie dann allerdings Internetzugang.).
- falls vorhanden: tabletkompatible Präsentationsmöglichkeit (z. B. Beamer, großer Bildschirm, interaktives Whiteboard, Dokumentenkamera)
- zur Differenzierung: ggf. Arbeitsblatt „My favourite things" (S. 43) für Schüler*innen, die zusätzliche Unterstützung benötigen

Redemittel

rezeptiv	produktiv
• This is my wordle. You can see many words. These are my favourite things. This is what I like. • What's my/your favourite … (colour/number/pet/animal/hobby/language …)? • Create two wordles. Ask your partner what he or she likes. Write down the answers. • Write/copy the words correctly. Check your spelling! You can use your vocabulary list/the wall posters/the dictionary/… to help you. • Then you switch. You have ten minutes for each wordle.	• What's your favourite …? • My favourite … is … . • Kernwortschatz zu den Themen *colours/numbers/pets* etc.

Das bereiten Sie vor

- Installieren Sie die kostenfreie App „Word Cloud" auf den Tablets. (Wenn das Tablet mit dem Internet verbunden ist, wird ggf. Werbung angezeigt. Tipp: WLAN vor dem Öffnen der App deaktivieren. Zur Benutzung der App ist kein Internetzugang notwendig.)
- Schreiben Sie Themenbereiche an, die bereits im Englischunterricht behandelt wurden, z. B. *colours, numbers, hobbies, seasons, food and drinks (fruit and vegetables), days of the week, animals, rooms of the house, vehicles etc.*
- Schreiben Sie ebenfalls an die Tafel:
  „*What's your favourite* ....?
  My favourite .... *is* ...."
- Erstellen Sie zu Illustrationszwecken ein *Wordle* mit Ihren Lieblingsdingen. Achten Sie darauf, ein oder zwei Wörter aufzunehmen, die im Unterricht noch nicht vermittelt wurden, die aber mit den in der Klasse bereits eingeführten Arbeitsmitteln (z. B. Grundschulwörterbuch) auffindbar sind.

8. My favourite things

Die sprachliche Lebenswelt fotografisch dokumentieren

Stundenverlauf

1. Einstieg (15 Minuten)

Begrüßen Sie die Klasse und erläutern Sie anschließend, worum es in dieser Stunde geht:

Today, we will use tablets to create wordles. This is my wordle. You can see many words. These are my favourite things. This is what I like.

Zeigen Sie dabei Ihr *Wordle*, z. B. durch Hochhalten des Tablets oder Projektion via Beamer oder interaktivem Whiteboard. Fragen Sie die Schüler*innen, welche Informationen zu ihren Vorlieben aus dem *Wordle* ersichtlich sind:

What do you think? What's my favourite … (colour/number/pet/animal/hobby/language)?

Die Schüler*innen schauen sich das *Wordle* an und suchen nach Antworten auf Ihre Fragen.

Wenn ein Kind nachfragt, was z. B. ein *donkey* ist, können diese Gelegenheiten genutzt werden, um bereits eingeführte Nachschlagewerke oder Wortschatzhilfen zu verwenden:

Please, look it up in the dictionary/on the wall poster/…

Je nach Vorkenntnissen können Sie entscheiden, ob ein Kind nachschlagen soll oder ob nur auf die Möglichkeit des Nachschlagens verwiesen wird.

Erkundigen Sie sich nun nach den Vorlieben der Schüler*innen und starten Sie eine Kette, bei der sich Kinder untereinander drannehmen.

Let's talk about your favourite things.

Fragen Sie das erste Kind: „*What's your favourite colour?*" Das Kind antwortet (ggf. Hilfestellung flüstern): „*My favourite colour is blue/green/yellow/…*" Danach wiederholt es die Frage oder stellt eine Frage aus einem anderen Themenbereich „*What's your favourite day of the week?*" an ein anderes Kind der Klasse. Der Vorgang wiederholt sich so lange, bis möglichst viele Themenbereiche angesprochen wurden.
Erinnern Sie die Schüler*innen ggf. daran, in ganzen Sätzen zu antworten.

2. Arbeitsphase I (5 Minuten)

Demonstrieren Sie, wie Sie beim Erstellen des *Wordles* vorgegangen sind. Am einfachsten ist dies, wenn dazu das eigene Tablet unter eine Dokumentenkamera gelegt werden kann. Alternativ können Sie auch das eigene Tablet so halten, dass die Schüler*innen die Anleitung nachvollziehen können, beispielhaft hier für die „Wordcloud"-App:

First, I open the app.
Then, I write down the words.
Now, I decide the colour of the words/the shape of the wordle.
Now, I can see how the finished wordle looks like.
At the end, I save my wordle.

3. Arbeitsphase II (20 Minuten)

Erklären Sie der Klasse das weitere Vorgehen.

With your partner, you will create two wordles. Look at the blackboard: Ask your partner what he or she likes, for example: „What's your favourite breakfast food? What's your favourite language? …" Write down your partner's answers and then create a wordle.
Write/copy the words correctly! Check your spelling together! You can use your vocabulary list/the wall posters/the dictionary/… to help you. You can also ask me.

8. My favourite things

Die sprachliche Lebenswelt fotografisch dokumentieren

Then you switch. Together you create a second wordle for the other pupil. You have ten minutes for each wordle.

Verteilen Sie nun die Tablets, jeweils ein Gerät für zwei Kinder.
Nach den ersten zehn Minuten erinnern Sie die Kinder:

It's time to switch. Finish the first wordle. Start the second wordle.

Vorentlastung und Differenzierung zu „My favourite things"

Die Erstellung des *Wordles* kann vorentlastet werden, indem die Wörter bereits im Vorhinein notiert werden. Das beigefügte Arbeitsblatt, das eine Auswahl von Wörtern zu einigen Themenfeldern bereitstellt, aus denen, z. B. durch Einkreisen, ausgewählt werden kann, bietet den Schüler*innen zusätzliche Hilfestellung.

Schnellere Kinder, die vor den 20 Minuten beide *Wordles* erstellt haben, können z. B. ein *Wordle* für das Klassenmaskottchen oder eine fiktive Person erstellen.

4. Präsentation und Abschluss (5 Minuten)

Sammeln Sie die Tablets ein und wählen Sie ein *Wordle* aus. Nun präsentieren Sie interaktiv unter Einbezug der Schüler*innen das *Wordle:*

Oh, the favourite animal is a … What do you think the favourite colour is?

Im Anschluss fragen Sie:

Who is it?

Die Kinder erraten, auf welche*n Mitschüler*in das *Wordle* zutrifft.

Geben Sie den Schüler*innen ggf. einen Ausblick auf die nächste Stunde, in der weitere *Wordles* gezeigt werden und der*die Verfasser*in im Klassenverbund erraten wird.

© Dorothee Wolters

My favourite things

With your partner, circle your favourite things.

Favourite colour:

red green blue yellow black
orange brown white pink

Favourite number:

one two three four five six
seven eight nine ten eleven twelve

Favourite pet:

dog cat fish hamster
budgie rabbit guinea pig mouse

Favourite fruit:

apple banana orange pear strawberry cherry

Favourite season:

spring summer autumn winter

Favourite day of the week:

Monday Tuesday Wednesday Thursday
Friday Saturday Sunday

© Jens Müller

© Verlag an der Ruhr | Autorinnen: Judith Bündgens-Kosten, Maria Sussex | www.verlagruhr.de

9. „What's ‚Eule' in English?"

Wortschatzarbeit mit dem Lesestift

Darum geht's

In dieser Stunde lernen die Kinder lesestiftunterstützte (Bild-)Wörterbücher kennen und üben in 2er-Arbeit Wortschatz und Wortaussprache.

Die Kinder …

- fragen nach Übersetzungen und antworten mit der entsprechenden Übersetzung.
- üben den Umgang mit lesestiftunterstützten Bildwörterbüchern/Wimmelbildbüchern.

Materialliste

- Lesestift, z. B. „BOOKii" (ein Gerät für 2 Schüler*innen)
- lesestiftfähiges Grundschulwörterbuch mit Wimmelbildern/Themenseiten oder lesestiftfähiges Wimmelbildbuch. Das Buch muss mit dem vorhandenen Lesestift kompatibel sein (s. Tippkasten „Bildwörterbücher und Wimmelbildbücher mit Lesestiftunterstützung", S. 45; ein Buch für 2 Schüler*innen)
- ggf. Kopfhörer und Audio-Y-Adapter (je ein Kopfhörer pro Kind, je ein Adapter für 2 Kinder; s. Tippkasten „Audio-Y-Adapter", S. 54)

Tipp

Wenn nur ein oder zwei Lesestifte vorhanden sind, kann die Stunde auch mit wechselnden Partnerkindern im Plenum durchgeführt werden.

Redemittel

rezeptiv	produktiv
• This is an English dictionary/a reading pen. • Today, we are going to work with the dictionary and reading pens.	• What's X in English? • X in English is Y.
• Have a look! What do you see? How do you use a dictionary? • Where would I look to find X? • I switch it on/touch the activation point. • This reading pen can read aloud. • Work with your partner. First, you start, then switch! • Open your dictionaries at page X. • What's X in English? • Use the reading pen and listen! • How was it? What was easy? What was difficult?	• Grundwortschatz „Tiere im Wald" (nachsprechend)

Das bereiten Sie vor

- Falls die Lesestifte noch nicht mit den gewählten Büchern genutzt wurden, müssen Sie sie ggf. aktualisieren (d. h. die notwendigen Dateien nachladen). Nutzen Sie dazu die vom Hersteller angebotene Software. Schalten Sie den Lesestift an, scannen Sie damit den Aktivierungspunkt des Buchs (meist auf der Rückseite des Buchs oder auf dem Buchinneneinschlag), aktualisieren Sie dann via Herstellersoftware (z. B. bei „BOOKii": an den Computer anschließen, Software startet automatisch; oder an Tablet/Handy mit „BOOKii"-App anschließen und die App starten). Wurde der Lesestift schon einmal mit diesem Buch genutzt, kann dieser Schritt übersprungen werden.
- Stellen Sie sicher, dass die Lesestifte geladen sind, bzw. laden Sie sie bei Bedarf.

9. „What's ‚Eule' in English?"

Wortschatzarbeit mit dem Lesestift

- Diese Stunde baut auf Vorkenntnissen in der Arbeit mit Wörterbüchern auf. Grundkenntnisse (z. B. das Konzept alphabetischer Sortierung) werden vorausgesetzt.

Bildwörterbücher und Wimmelbildbücher mit Lesestiftunterstützung

Die konkreten Beispiele und Nutzungsanleitungen für diese Stunde sind auf Hoppenstedt und Richardsons „Langenscheidt Grundschulwörterbuch Englisch" und den „BOOKii"-Lesestift zugeschnitten. Aber: Alle hier gelisteten Bücher sind prinzipiell mit kleineren Adaptionen für diese Stunde nutzbar. Wählen Sie einfach die Bücher, die mit den vorhandenen Lesestiften kompatibel sind oder die bereits an der Schule vorhanden sind.

BOOKii:
Hoppenstedt, G./Richardson, K. (2019). *Langenscheidt Grundschulwörterbuch Englisch.* Köln: Langenscheidt.
Grundwortschatz EN-DE; alphabetisch sortiert mit Illustration und Beispielsatz. Grundwortschatz DE-EN im Register nachschlagbar; Themenwortschatz als Wimmelbilder ab Seite 128

Dilg, S. (2018). *Wie heißt das denn auf Englisch und Französisch? BOOKii.* Nürnberg: Tessloff.
Themenwortschatz als Wimmelbild; alle Wörter auf Deutsch, Englisch und Französisch aufrufbar und eignen sich daher auch für Sprachvergleiche, DaZ-Unterstützung etc.; von der Gestaltung her eher an jüngere Lerner*innen gerichtet

Tiptoi:
Jebautzke, K./Dulleck, N. (2013). *Grundschulwörterbuch Englisch: 5000 Vokabeln und Texte als Sound.* Ravensburg: Ravensburger Buchverlag.
Themenwortschatz als Wimmelbilder und als Themen-Boxen; Vokabeln Englisch und Deutsch, mit Beispielsätzen

Schargan, C./Friese, I. (2013). *Wir lernen Englisch:* Mit über 1500 Geräuschen und Texten: 4–7 Jahre. Ravensburg: Ravensburger Buchverlag Otto Maier.
Themenwortschatz als Wimmelbilder; von der Gestaltung her eher an jüngere Lerner*innen gerichtet

Ting:
Schmidt, S. (2011). Langenscheidt Bildwörterbuch Englisch. Berlin: Langenscheidt.
Themenwortschatz als Wimmelbilder; Fokus auf Nomen; Deutsch-Englisches Register

Stundenverlauf

1. Einstieg (2 Minuten)

Begrüßen Sie die Klasse. Geben Sie den Kindern anschließend einen kurzen Überblick über Lernziel und Unterrichtsverlauf. Zeigen Sie dabei auf ein Wörterbuch und einen Lesestift oder halten Sie die Medien in Ihren Händen:

This is an English dictionary. Today, we are going to work with the dictionary and reading pens.

2. Hinführung I (8 Minuten)

Geben Sie jeweils zwei Kindern ein lesestiftfähiges Englischwörterbuch.

With your partner, look at your dictionary. Look at the pages. What do you see? How do you use a dictionary?

9. „What's ‚Eule' in English?"

Wortschatzarbeit mit dem Lesestift

Sammeln Sie anschließend erste Eindrücke und Ideen und haken Sie ggf. nach:

Where would I look to find a word starting with the letter A? Where would I look to learn the names of fruit? Where would I look to find the English word for „Luftballon"?

Antworten, die Schüler*innen auf Deutsch geben, können Sie dabei auf Englisch wiederholen. Am Ende sollten alle Kinder wissen, dass es z. B. einen Buchteil gibt, in dem man Wörter in alphabetischer Ordnung (Englisch) finden kann, einen Bereich mit Bildseiten und thematischem Wortschatz sowie einen Bereich, in dem Wörter in alphabetischer Ordnung (Deutsch) gelistet sind. Parallelen zur Wörterbucharbeit, wie sie z. B. im Deutschunterricht oder im muttersprachlichen Unterricht stattfindet, können gezogen werden.

3. Hinführung II (10 Minuten)

Demonstrieren Sie, wie man sich per Lesestift Wörter vorlesen lassen kann:

This is a reading pen. I switch it on.

Drücken Sie den „Powerknopf" auf dem Lesestift, bis die Bestätigungsmelodie erklingt.

Now, I touch the activation point on the book. I can touch very lightly. See?

Führen Sie den Stift zum Aktivierungspunkt und halten Sie ihn leicht auf oder über den Aktivierungspunkt, bis die Bestätigungsmelodie erklingt.

This reading pen can read aloud.

Demonstrieren Sie die Lesefunktion an einem beliebigen Wort. Je nach Buch sind entweder die Wörter selbst, die Grafiken oder der ganze „Kasten" um ein Wort und Bild herum mit Aktivierungscodes versehen. Sobald der Stift einen solchen Code registriert, wird die dazu passende Audiodatei abgespielt.

Work with your partner. Try it out! You have five minutes. Take turns with the reading pen! First, one of you starts. Then, switch!

Teilen Sie die Lesestifte ggf. mit Kopfhörern und Y-Adaptern aus.

4. Arbeitsphase I (10 Minuten)

Please, put down the reading pens. Open your dictionaries at page 134.
(…)
What's „Eule" in English?

Es gibt zwei Optionen, auf dieser Bildseite das Wort für „Eule" herauszufinden. Entweder durch die Bildleiste rechts (unten) oder durch die Hauptgrafiken selbst (links oben).

Sammeln Sie Antworten und unterstützen Sie am Modell die Schüler*innen bei der Anwort in ganzen Sätzen:

„Eule" in English is „owl".

Anhand weiterer Beispiele üben Sie, bei Bedarf, die Phrasen „What's X in English?" und „X in English is Y". Nutzen Sie dazu z. B. Chorsprechen.

Falls die Aussprache eines Wortes/von Wörtern den Schüler*innen noch Probleme bereitet, können Sie ggf. anregen:

Use the reading pen and listen to the word once again!

9. „What's ‚Eule' in English?"

Wortschatzarbeit mit dem Lesestift

Selbstständig mit Lesestiften Wortschatz und Hörverstehen üben

Viele lesestiftkompatible Wörterbücher enthalten auch Lernspiele, die gut allein, z. B. in der Stationenarbeit oder in Wochenplänen, genutzt werden können. Bei Hoppenstedt und Richardsons „Langenscheidt Grundschulwörterbuch Englisch" finden sich diese Spiele ab Seite 128. Zum Spielbeginn einfach auf das „Play"-Symbol unten rechts tippen. Zum Beenden des Spielmodus einfach auf das „Stopp"-Symbol unten rechts tippen.

Ein hierfür auch gut geeignetes, „BOOKii"-kompatibles Buch, das ausschließlich Wortschatz-Rätselfragen beinhaltet, ist:
Grundschulwortschatz Englisch (2018). *BOOKii*. Nürnberg: Tessloff.

Tipp: Wenn Kinder einzeln mit dem Lesestift arbeiten, bietet sich die Verwendung von Kopfhörern an. An vielen Lesestiften lässt sich die Lautstärke einfach regulieren.

5. Arbeitsphase II (10 Minuten)

Now, practice with your partner. You ask: „What's X in English?" Your partner answers: „X in English is Y." If you don't know, use the reading pen and listen. Then answer. Afterwards, switch! Your partner asks and you answer. Use the reading pen! Listen carefully to every word.

Nachdem einige Minuten vergangen sind, weisen Sie darauf hin, dass auch andere Bilderseiten genutzt werden können. Sie können z. B. die Seitenzahlen relevanter Doppelseiten an die Tafel schreiben.

6. Reflexion (5 Minuten)

Sammeln Sie die Bücher und Lesestifte ein. Kontrollieren Sie ggf., dass die Lesestifte ausgeschaltet sind (Powerknopf am Lesestift drücken, bis die Bestätigungsmelodie zum Ausschalten des Geräts ertönt.). Holen Sie Rückmeldungen zur Stunde ein und erläutern Sie kurz einen möglichen zukünftigen Gebrauch von Bildwörterbüchern.

How was it? What was easy? What was difficult? You can use a picture dictionary to look up words. You can also learn new words or practice saying them.

Wörterbuch-Rennen

Diese Stunde fokussierte sich auf den „Wimmelbild"-Anteil eines Grundschulwörterbuchs. In einer Folgestunde können Sie die Arbeit mit dem alphabetisch sortierten Wortschatz üben. Hierzu bietet sich ein 2er-Wörterbuch-Rennen an: Ein Kind wählt zehn Wörter aus, die im Wörterbuch vorhanden sind, und schreibt diese auf ein Blatt Papier. Jetzt muss das Partnerkind so schnell wie möglich diese Wörter im Wörterbuch finden, mit dem Lesestift einmal vorlesen lassen und das Wort einmal laut wiederholen. Dann geht es weiter zum nächsten Wort. Das erste Kind passt auf, dass keine Fehler gemacht werden, und stoppt die Zeit. Am Ende wird getauscht.

10 Change of perspective
Ein Fotorätsel erstellen

Darum geht's

Die Kinder nutzen digitale Endgeräte, um ein Fotorätsel zum Themenbereich *things at school* zu erstellen.

Die Kinder ...

- erleben den Effekt unterschiedlicher fotografischer Perspektiven (Makro/Meso) und nutzen ihn gestalterisch.
- wiederholen Wortschatz aus dem Bereich *things at school* (im weitesten Sinne).
- wiederholen Wortschatz aus dem Bereich *places at school.*
- erleben, wie viele Dinge im und rund um das Schulgebäude sie schon auf Englisch benennen können.

Materialliste

- Tablets, idealerweise mit Griffhilfe; alternativ andere Geräte, mit denen fotografiert werden kann (z. B. alte Smartphones – auch ohne SIM-Karte –, digitale Fotoapparate) für jede 3er-/4er-Gruppe
- Bildkarten „things at school" (S. 111)
  Diese **farbigen Bildkarten** finden Sie hinten im Buch!
- bei Bedarf bzw. zur Differenzierung: Kopiervorlage „Dialogstreifen" (S. 52).
- je nach verwendetem Gerät: Kabel zur Datenübertragung auf den Computer oder auf die interaktive Tafel
- falls vorhanden: tabletkompatible Präsentationsmöglichkeit (z. B. Beamer, großer Bildschirm, interaktives Whiteboard, Dokumentenkamera)

Redemittel

rezeptiv	produktiv
• What it is it? Where is it? • This is a mystery photo.	• What it is it? Where is it? • It's a/an ... • It's in the ... • classroom, corridor, gym, playground

Das bereiten Sie vor

- Machen Sie Fotos von wichtigen Orten in der Schule: Klassenzimmer, Korridor, Schulhof etc. Konzentrieren Sie sich dabei auf Orte, die für die Schüler*innen i. d. R. zugänglich sind und deren englische Begriffe idealerweise schon im Englischunterricht vermittelt wurden.
- Wählen Sie ein Objekt in der Schule, dessen Bezeichnung die Kinder bereits auf Englisch gelernt haben. Machen Sie ein „mystery photo" (Makroperspektive, Unterseite etc.) und ein „normales" Foto.
- Bereiten Sie die Fotos so vor, dass Sie sie leicht im Unterricht zeigen können (Hochhalten auf dem Tablet, z. B. in PowerPoint-Folie integriert via Laptop auf Beamer, auf dem interaktiven Whiteboard etc.).
- Kopieren Sie die Dialogstreifen und die Bildkarten je einmal für jedes 2er-Team. Zerschneiden Sie die Dialogkarten einmal entlang der Linie.
- Falls Begriffe wie *classroom* oder *playground* noch nicht bekannt sind, bietet es sich an, sie in einer Vorstunde einzuführen. Alternativ kann auch die *Where*-Frage weggelassen werden.

10. Change of perspective
Ein Fotorätsel erstellen

Stundenverlauf

1. Einstieg und Hinführung (10 Minuten)

Begrüßen Sie die Klasse und führen Sie in das Thema der Stunde ein.

L: *Yesterday, I took my camera/smartphone/tablet to school. I took many photos. Look at them. (Fotos zeigen.) What is it?*
S: *It's the classroom.*
It's the corridor.
It's the cafeteria.
It's the playground.
...

Sie haben dabei Gelegenheit, einzelne Wörter, z. B. durch chorisches Nachsprechen, noch einmal zusätzlich zu üben.

Zeigen Sie das „mystery photo" und fragen Sie:

Look at this mystery photo. What is it?

Sammeln Sie Antworten und bestätigen/dementieren Sie:

No, it is not an apple/a pencil/a blackboard/...
Yes, it's an apple/a pencil/a blackboard/...

Zeigen Sie nach der richtigen Antwort zur Bestätigung die Aufnahme, die den Gegenstand leicht ersichtlich abbildet. Im Anschluss fragen Sie:

In what room/area of our school is the apple/ the pencil/the blackboard in this picture? Where is it?

Die Schüler*innen äußern ihre Vermutungen und Sie greifen erneut die richtigen Antworten auf:

Yes, it's in the classroom/in the cafeteria/in the gym ...

2. Arbeitsphase I (10 Minuten)

Die Schüler*innen üben den Dialog in 2er-Arbeit:

S1: *What is it?*
S2: *It's a/an ...*

S1: *Where is it?*
S2: *It's in ...*

Die Schüler*innen nutzen dabei die Bildkarten, um beim Fragen darauf zeigen zu können. Bei Bedarf können Sie die Schüler*innen dabei mit Dialogstreifen unterstützen.

Work with your partner, ask questions and give answers. Look at the worksheet.

3. Arbeitsphase II (15 Minuten)

Teilen Sie die Klasse in Gruppen von drei oder vier Schüler*innen ein. Jede Gruppe erhält ein Gerät, mit dem fotografiert werden kann.

These are tablets/cameras/smartphones. You can take photos with them. Who knows how to take a photo?

Ein Kind erklärt exemplarisch die Aktivierung der Kamerafunktion an einem Gerät. Bei unterschiedlichen Gerätetypen zeigen sich die Schüler*innen gegenseitig, wie man mit dem jeweiligen Gerät fotografiert. Bei Bedarf können Sie helfen. Falls es in der Schule Vorgaben zum Fotografieren/Nicht-Fotografieren von Mitschüler*innen gibt, erinnern Sie ggf. an diese Vorgaben.

Teilen Sie den Schüler*innen mit:

Go around here at school and look for things that you can say in English. Try to take photos of three different things.
When you have found something, take two photos: One photo should be a mystery photo, so that others

10. Change of perspective

Ein Fotorätsel erstellen

do not see at once what it is. Maybe it shows one small detail of the thing. Or it's the bottom of the thing. And the other photo should be a normal photo, on which you can clearly see what it is.
(Hierzu zeigen Sie bei Bedarf die „blauen" Kästen der „Wir gestalten ein Fotorätsel"-Seite der Meko Kita Service-Broschüre [s. Tippkasten „Meko Kita Service", S. 51].) *Then you choose the next thing to take a picture of and again you take one mystery photo and one normal picture. The same goes with the third thing.*
You have 10 minutes.

You may take photos in our classroom or on the corridor/in the cafeteria/…
One of you carries the tablet/camera/smartphone.
Be careful! Don't run with it!
Take turns when taking the photos.
One of you will be the time keeper.
Who will carry the tablets/cameras/smartphones?
Who will be the time keeper?

Vergewissern Sie sich, dass die Schüler*innen die Anweisung verstanden haben, etwa indem Sie ein Kind bitten, diese noch einmal auf Deutsch zu wiederholen.
Dann entlassen Sie die Schüler*innen in die Gruppenarbeit.

4. Ergebnissicherung (5 Minuten)

Die Schüler*innen bereiten die Präsentation ihrer Bilder vor. Dazu wählen sie die Bilder aus, die sie zeigen wollen, und zwar in der Reihenfolge „mystery photo" – „normal photo". Die Kinder löschen Fotos, die sie für die Präsentation nicht benötigen.

In your groups, look at your photos and prepare for your presentation. You will be asked to show us the mystery photo first and then, second, the normal one. You may want to delete those photos that you do not need. Only keep those photos that you want to show us later.

5. Präsentation und Abschluss (10 Minuten)

Die Schüler*innen kommen in den Kinositz.

Please, (take your chairs and) come to the front.

Wurde mit einem Tablet fotografiert, so können die Ergebnisse durch einfaches Hochhalten oder via Beamer/Monitor/interaktives Whiteboard gezeigt werden. Wurde mit anderen Geräten fotografiert, kann es sinnvoll sein, wenn Sie die Fotos auf einen Computer übertragen, und – nach Gruppen sortiert – z. B. je ein Foto in eine Folie (z. B. PowerPoint) einfügen. Dann würde die Präsentation in dieser Sitzung ausfallen und an den Anfang der Folgesitzung gestellt werden, sodass Sie Zeit für die Vorbereitung haben. Wichtig ist, dass Sie notieren, welche Fotos von welcher Gruppe sind, um die Fotos ggf. auch noch in der Folgesitzung richtig zuordnen zu können.

Präsentation mit PowerPoint oder Book Creator

Wenn die Schüler*innen mit Tools wie z. B. PowerPoint oder Book Creator vertraut sind, können diese auch hier eingesetzt werden. Die Kinder stellen dann selbstständig Folien/ein digitales Buch zusammen und nutzen dies anschließend zur Präsentation. Dies ist eine gute Gelegenheit, die Schüler*innen auch die Schreibung der Wörter und ggf. deren Nachschlagen in einem Grundschulwörterbuch üben zu lassen. Hierzu müsste zusätzliche Zeit eingeplant werden.

Die Präsentationen der Schüler*innen folgen Ihrem Modell zu Beginn der Stunde, ggf. unterstützt durch Dialogstreifen.

10. Change of perspective

Ein Fotorätsel erstellen

S1: (zeigt auf das *mystery photo*) *What is it?*
S: *It's a …*

Wenn richtig vermutet wurde oder die Schüler*innen nicht darauf kommen, wird mithilfe des zweiten Bildes aufgelöst. Anschließend wird noch der Standort erfragt.

S1: *Where is it?*
S: *Playground./In the playground.*

Die nächsten zwei Fotos des nun folgenden Gegenstandes werden von jeweils einem anderen Kind der Gruppe präsentiert.
In der Regel wird die Zeit reichen, um zwei oder drei Gruppen ihre Fotos zeigen zu lassen. Notieren Sie, welche Fotos von welcher Gruppe sind, sodass die fehlenden Gruppen ihre Fotos ggf. in der Folgesitzung präsentieren können.

Meko Kita Service

Dieser Stundenentwurf basiert auf einer Idee des Meko Kita Service. Die Broschüre kann kostenfrei im Internet heruntergeladen werden: Landesanstalt für Medien Nordrhein-Westfalen (01/2017). *Meko Kita Service – Anregungen und Materialien zur frühkindlichen Medienbildung in Kita und Grundschule.*

Bei Bedarf kann z. B. auch die hilfreiche Grafik von S. 13 der Datei zur Illustration des Ablaufs genutzt werden. Dies ist gerade für Schüler*innen, die von einer visuellen Unterstützung eines Ablaufs profitieren, sehr hilfreich.

© Norbert Höveler

Dialogstreifen

What is it?

It's a ...
It's an ...

Where is it?

It's in the classroom/
corridor/gym/cafeteria.

© Verlag an der Ruhr | Autorinnen: Judith Bündgens-Kosten, Maria Sussex | www.verlagruhr.de

Kopiervorlage

Dialogstreifen

What is it?

It's a ...
It's an ...

Where is it?

It's in the classroom/
corridor/gym/cafeteria.

© Verlag an der Ruhr | Autorinnen: Judith Bündgens-Kosten, Maria Sussex | www.verlagruhr.de

© Verlag an der Ruhr | Autorinnen: Judith Bündgens-Kosten, Maria Sussex | www.verlagruhr.de

Lesen & Hören

I like the story because …

Storybook-Apps in 2er-Arbeit erlesen und der Klasse vorstellen

Darum geht's

Die Kinder lesen englischsprachige digitale Geschichten auf dem Tablet und teilen ihre Meinung dazu mit der Gruppe.

Die Kinder …

- lesen mit einem Partnerkind eine digitale Geschichte.
- präsentieren ihre Meinung zur Geschichte.

Materialliste

- Tablets mit installierter Geschichtensoftware (ein Gerät für 2 Kinder)
- Kopfhörer und Audio-Y-Adapter
- Arbeitsblatt „My story feedback" (S. 57)
- Wort-/Bildkarten „stories" (S. 58)

Audio-Y-Adapter

Einige Geschichten enthalten auch eine Lesung der Geschichte oder sonstige Sound-Effekte. Wenn Sie möchten, dass die Kinder Kopfhörer benutzen, so ermöglichen einfache Audio-Y-Adapter, zwei „Klinken"-Kopfhörer mit einem Klinken-Anschluss zu verbinden. Dann können zwei Kinder am selben Gerät mit Kopfhörern der Geschichte lauschen.

Redemittel

rezeptiv	produktiv
• Who of you likes …? • Raise your hand if … • What can you do when you don't understand a word?	• The name of the story is „…". • It's a story about people/animals/monsters/robots/… • The story is funny/exciting/cool/boring. • I like/don't like the story.

Das bereiten Sie vor

- Installieren Sie englischsprachige Storybook-Apps auf dem Tablet (s. Tippkasten unten, „Storybook-Apps"). Idealerweise stehen auf jedem Tablet etwa drei Geschichten zur Auswahl.
- Machen Sie sich mit den Geschichten vertraut, um ggf. auf Rückfragen der Schüler*innen vorbereitet zu sein.
- Fertigen Sie für je zwei Kinder eine Kopie des Arbeitsblatts „My story feedback" an.
- Bereiten Sie Wort-/Bildkarten auf Basis der Kopiervorlage vor.

Storybook-Apps

Der App-Markt ist in stetiger Bewegung – welche Geschichten-Apps für welche Geräte zu welchem Preis verfügbar sind, ändert sich quasi jeden Tag. Besonders empfehlenswert ist die kostenfreie und werbefreie App „Khan Academy Kids: Free educational games & books". Ein kostenfreier Account ist notwendig. Statt der Angabe des Namens konkreter Schüler*innen ist die Angabe des Klassennamens o. Ä. ratsam. Zum Öffnen der Geschichten klicken Sie auf das Buch links oben, unter „books" findet sich eine ganze Reihe an Geschichten.
Die ebenfalls vorhandenen Sachbücher zu Tieren, Fahrzeugen etc. lassen sich auch gut in den entsprechenden thematischen Einheiten als Ergänzung/Vertiefung einsetzen.

Alternativ können Sie auch digitale Storys nutzen, die ohne App, über einen Browser, aufgerufen werden (z. B. auf den Seiten der BBC).
Diese Geschichten sind oft etwas schlichter in der Gestaltung, dafür aber zumeist kostenfrei. Hierzu könnten Sie z. B. entsprechende QR-Codes vorbereiten.

11. I like the story because …

Storybook-Apps in 2er-Arbeit erlesen und der Klasse vorstellen

Stundenverlauf

1. Einstieg und Hinführung (5–7 Minuten)

Führen Sie in das Thema ein, indem Sie an passender Stelle die Wort-/Bildkarten an der Tafel anbringen.

Today, we will read stories in English. And you will tell everybody about your story!
Who likes reading stories? Raise your hand if you like reading stories!

Erzählen Sie den Schüler*innen nun etwas zu Inhalt und Stimmung der Geschichten.

Stories can be about different things. Many stories are about ***people****. They are about boys and girls, or maybe about firefighters or doctors.*
Some stories are about ***animals****, such as cats and dogs or dinosaurs and spiders.*
Other stories are about ***monsters****. They can be about big monsters, like the Gruffalo, or small monsters. Some monsters are dangerous, and some monsters are funny.*
There are also stories about ***robots****. Maybe they are made of steel. Maybe they look like people.*

Some stories are ***funny****. They make you laugh. Who likes funny stories? Raise your hand if you like funny stories!*
Some stories are ***exciting****! A lot of things happen, there is a lot of action! Maybe there are pirates or spaceships or detectives. Who likes exciting stories? Raise your hand if you like exciting stories!*
Some stories are ***cool****! Maybe there's a cool boy or a cool girl in it. Or cool things happen. Who likes cool stories? Raise your hand if you like cool stories!*
Some stories are ***boring****. They make you sleepy. They make you yawn. Nobody likes boring stories.*

2. Arbeitsphase I (15 Minuten)

Erklären Sie den Schüler*innen nun die folgende Aufgabe.

You will work with a partner. Together, you will read a story on the tablet. You can read story A or you can read story B or you can read story C.

alternativ:

You will work with a partner. Together, you will read a story on the tablet. You can read any story in „Khan Academy Kids".

Beschreiben Sie, wie die Geschichten aufgerufen werden können, und modellieren Sie dies ggf. für die Klasse.

When you have finished reading the story, come to the front and fetch a worksheet.

Bei Bedarf weisen Sie die Schüler*innen auf das Benutzen der Kopfhörer hin:

Please use your headphones!

Erinnern Sie die Schüler*innen außerdem an bereits bekannte Worterschließungsstrategien, z. B.:

What can you do when you don't understand a word? Look at the pictures. Go back and read again. What happened before, what happens next?

(s. hierzu auch die Stunde 12. „*Language detectives:* Mehrsprachige Geschichten erforschen" sowie die dazugehörige Kopiervorlage, S. 59–64)

Verteilen Sie die Tablets. Achten Sie darauf, dass alle Schüler*innen die passenden Apps öffnen, und erinnern Sie sie ggf. an die Nutzung von Kopfhörern.

11. I like the story because …

Storybook-Apps in 2er-Arbeit erlesen und der Klasse vorstellen

3. Arbeitsphase II (10 Minuten)

Sind die Kinder fertig, erhalten sie jeweils zu zweit das Arbeitsblatt „My story feedback", das ihnen hilft, ihre Meinung zur Geschichte zum Ausdruck zu bringen. Nach dem Ausfüllen des Arbeitsblattes erarbeiten die Schüler*innen mithilfe ihrer Notizen auf dem Arbeitsblatt eine mündliche Stellungnahme zur Geschichte.

Please comment on your story.

4. Präsentation (10–15 Minuten)

Der Reihe nach präsentieren die Gruppen ihre Meinung zu der von ihnen gelesenen Geschichte.

S: *The name of the story is „…". It's a story about animals. The story is cool. I like the story.*

Notieren Sie an der Tafel die Namen aller Geschichten, die den Schüler*innen gut gefallen haben, ggf. gegliedert nach Themen (*people/animals/monsters/robots/*etc.) oder Emotionen (*funny/exciting/cool/boring*). Diese Liste sollte gespeichert werden (z. B. via interaktives Whiteboard oder Abfotografieren von der Tafel) und kann als „Leseempfehlung", z. B. für Freiarbeitsphasen, dienen.

Storybook-Apps im Englischunterricht

Diese Unterrichtseinheit ist angelehnt an die Arbeiten von Brunsmeier und Kolb zum Lesen digitaler Geschichten im Englischunterricht der Grundschule. Weitere Informationen und Einblicke in dieses Projekt finden sich etwa hier:
Brunsmeier, S./Kolb, A. (2018). *„I like the character, weil er so richtig funny ist" – Reading story apps in the primary EFL classroom.*
In J. Buendgens-Kosten/D. Elsner (Hrsg.), *Multilingual Computer Assisted Language Learning* (pp. 41–58). Bristol: Multilingual Matters.
In diesem Artikel finden Sie auch weitere Anregung für Arbeitsblätter zu verschiedenen Storybook-Apps.

© Katja Hillscher

My story feedback

The name of the story is: ....

It's a story about

© Jens Müller

people ❐

© Anja Boretzki

monsters ❐

© Anja Boretzki

animals ❐

© Anja Boretzki

robots ❐

The story is:	Pupil A:	Pupil B: ....
funny	❐	❐
 exciting		❐
  cool	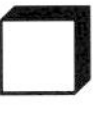	❐
 boring	 	❐
 I like the story.		
I don't like the story.		

Emojis: © Maria Averburg – Shutterstock.com

 © Verlag an der Ruhr | Autorinnen: Judith Bündgens-Kosten, Maria Sussex | www.verlagruhr.de

Wort-/Bildkarten: stories

people

© Jens Müller

animals

© Anja Boretzki

monsters

© Anja Boretzki

robots

© Anja Boretzki

© Maria Averburg – Shutterstock.com

© Maria Averburg – Shutterstock.com

© Maria Averburg – Shutterstock.com

© Maria Averburg – Shutterstock.com

Language detectives

Mehrsprachige Geschichten erforschen

Darum geht's

Die Kinder lesen zwei- und mehrsprachige digitale Geschichten auf dem Tablet und in Buchform.

Die Kinder ...

- lesen mit einem Partnerkind mehrsprachige digitale/gedruckte Geschichten.
- erschließen unbekannte Wörter und Sätze aus dem Kontext und reflektieren über die genutzten Strategien.

Materialliste

- Tablets mit installierter Geschichtensoftware (einige Geräte pro Klasse; s. Tippkasten rechts, „Digitale Storybook-Apps in verschiedenen Sprachen")
- ggf. Kopfhörer und Audio-Y-Adapter (s. Tippkasten „Audio-Y-Adapter", S. 54)
- falls vorhanden: Dokumentenkamera
- einige mehrsprachige Bücher mit Englischanteil (s. Tippkasten „Mehrsprachige Bücher", S. 60); die Anzahl hängt von der Zahl der vorhanden digitalen Endgeräte ab. Für je 2 Kinder sollte entweder ein digitales Endgerät oder ein Buch zur Verfügung stehen.
- Arbeitsblatt „Unknown words" (S. 63)
- Kopiervorlage Flashcards: „Language detective strategies" (S. 64)

Redemittel

rezeptiv	produktiv
• vgl. Lesetexte	• Namen relevanter Sprachen

Das bereiten Sie vor

- Installieren Sie mehrsprachige Storybook-Apps auf dem Tablet oder PC.
- Öffnen Sie vor Stundenbeginn die entsprechenden Apps/Programme auf dem Tablet/PC.
- Stellen Sie ergänzend einige gedruckte mehrsprachige Bücher zusammen (z. B. aus der Stadt- oder Schulbücherei).
- Machen Sie sich mit den Geschichten vertraut, um ggf. auf Rückfragen der Schüler*innen vorbereitet zu sein.
- Kopieren Sie das Arbeitsblatt „Unknown words" jeweils einmal für zwei Kinder.

Digitale Storybook-Apps in verschiedenen Sprachen

Die „Unuhi"-App (Android, iOS) bietet kurze Bilderbuchgeschichten in verschiedenen Sprachkombinationen an. Neben Englisch und Deutsch kann z. B. Polnisch, Russisch, Arabisch, Französisch, Thai oder Hindi gewählt werden. Eine Geschichte („Rikki's Week of Weather") ist dabei kostenfrei, alle anderen Geschichten sind kostenpflichtig.

Die kostenfreie App „Märchen der Gebrüder Grimm – Deutsch und Englisch" bzw. „Grimm Brothers' Fairy Tales – English and German" (Android, iOS) enthält klassische Märchen in zwei Sprachen (Wenn das Tablet mit den Internet verbunden ist, wird ggf. Werbung angezeigt. Tipp: WLAN vor dem Öffnen der App deaktivieren.).

Nicht als App, aber z. B. für den Klassenzimmer-PC verfügbar sind die mehrsprachigen Geschichten von MuViT (Uni Frankfurt, *www.uni-frankfurt.de/44712109/ContentPage_44712109*) für Windows und Mac.

›››

12. Language detectives

Mehrsprachige Geschichten erforschen

Hier können die Schüler*innen zwischen einer englischen, deutschen, spanischen, russischen und türkischen Version wechseln. Das Programm enthält auch Aufgaben, die gezielt durch Sprachenvergleich die Sprachbewusstheit der Schüler*innen fördern.

Stundenverlauf

1. Einstieg (5–10 Minuten)

Breiten Sie die Medien (Bücher/Geräte) auf einem Tisch aus. Wählen Sie mehrere Geschichten aus und lesen Sie entweder selbst einige Zeilen aus der Geschichte vor oder lassen Sie jeweils ein Kind der Klasse vorlesen.

L: *There is something special about this story. What is it?*
S: *The story is in German and English./The story is in English and Turkish/...*

Sammeln Sie Äußerungen der Schüler*innen und wiederholen Sie diese ggf. auf Englisch. Wird eine Sprache zum ersten Mal genannt (ggf. auf Deutsch, Sie wiederholen dann das Wort auf Englisch), schreiben Sie den Namen der Sprache an die Tafel und üben ihn bei Bedarf mit chorischem Nachsprechen ein.
Wenn Sprachen vorkommen, die Schüler*innen nicht bekannt sind, helfen Sie ihnen bei deren Identifikation oder lassen Sie andere Schüler*innen bei der Identifikation helfen.

What language is it? What do you think?

Gehen Sie im Anschluss auf das Stundenziel ein.

Today, we will read stories in different languages. Some stories are in books, and some stories are on the tablet/PC. We will also become language detectives and try to guess the meaning of words and sentences we don't know.

Mehrsprachige Bücher

Mehrsprachige Bücher sind eine gute Ergänzung zu mehrsprachigen Storybook-Apps. Die Kombination von gedruckten und digitalen Geschichten erlaubt es, diese Stunde auch mit einer geringen Zahl von digitalen Geräten (z. B. ein Klassen-PC und zwei bis drei Tablet PCs) durchzuführen.
Mehrsprachige Bücher für die Grundschule werden von vielen Verlagen angeboten.
Besonders interessant sind hier z. B. die „Sherlock Junior"-Reihe des Duden Verlags (Autor: THiLO) sowie die „Detectives at work"-Reihe bei Rowohlt (Autorin: Renate Ahrens).
Idealerweise berücksichtigen Sie in Ihrer Auswahl möglichst viele Erstsprachen der Schüler*innen.
Auf https://www.schule-mehrsprachig.at/kinderbuecher/home können Sie nach zweisprachigen Büchern in Englisch und weiteren Sprachen recherchieren.

© Norbert Höveler

12. Language detectives

Mehrsprachige Geschichten erforschen

2. Hinführung (10 Minuten)

Die Schüler*innen versammeln sich im Kinositz vor der Tafel.

Please, come to the front.

Sprechen Sie den Umgang mit unbekannten Wörtern an.

Sometimes we read words or sentences that are difficult to understand. What can you do to guess the meaning of words or sentences you don't understand?

Nachfolgend sammeln Sie Ideen der Schüler*innen und führen ggf. – vermutlich auf Deutsch – weitere Lesestrategien für das fremdsprachliche Lesen ein:

→ *Clever guessing*: z. B. raten, worum es gehen könnte, oder weiterlesen und aus dem Kontext erschließen (besonders bei Büchern, bei denen der englische Text z. B. in eine deutsche Rahmenhandlung gebettet ist)
→ *Pictures*: Bilder nutzen
→ *Language detectives*: die Sprachen vergleichen (besonders bei Geschichten, bei denen derselbe Text in Deutsch und Englisch vorkommt)
→ *Word detectives*: Ähnlichkeiten zwischen Sprachen auf der Wortebene nutzen (verwandte Wörter, Internationalismen)
→ …

Nutzen Sie dabei die Flashcards (S. 64) als visuelle Unterstützung.

3. Arbeitsphase (15 Minuten)

Lassen Sie die Schüler*innen in 2er-Arbeit jeweils eine Geschichte/ein Medium auswählen.
Wenn Bücher in den Erstsprachen der Kinder vorhanden sind, können Sie darauf hinweisen.

Verteilen Sie die Arbeitsblätter „Unknown words", je eines für zwei Kinder, und erklären Sie den Arbeitsauftrag:

Read the stories with your partner. When you don't understand a word or a sentence, write it down on your worksheet.
Now, be language detectives! What could the word or sentence mean? Write down what you think the word or sentence means. Also write down what trick you used. Do the pictures help? Does the German text or the Russian text or the … (andere Sprachen, die angeboten wurden, ergänzen) *help you? Tick the box or write it down.*
Then continue reading. When you read another word or sentence you don't understand, you do the same.
You have 15 minutes.

Bitten Sie ggf. eine*n Schüler*in, auf Deutsch den Arbeitsauftrag für die 2er-Arbeit zu wiederholen.

4. Reflexion (10–15 Minuten)

Now, put away your books and tablets. Let's talk about what you found out.

Moderieren Sie – vermutlich auf Deutsch – den Austausch an Erfahrungen und Beobachtungen. Die Schüler*innen benennen Strategien, die sie genutzt haben. Fragen Sie auch danach, ob die Strategien immer erfolgreich waren und wie man herausfinden kann, ob man ein Wort/einen Satz richtig erschlossen hat:

→ Ergibt der Text so Sinn?
→ weiterlesen und schauen, ob das Wort noch mal vorkommt; dann prüfen, ob die Vermutung auch hier passt
→ nachschlagen im Wörterbuch
→ …

12. Language detectives

Mehrsprachige Geschichten erforschen

Wenn in der Klasse eine Dokumentenkamera vorhanden ist, können die Schüler*innen besonders gut zeigen, wie sie unbekannte Wörter/Sätze erschlossen haben, indem sie die Textstelle (auf dem Tablet oder im Buch) über die Dokumentenkamera projizieren und mit dem Finger zeigen, welches Wort/welchen Satz sie nicht kannten und was ihnen geholfen hat.

Fragen Sie zum Stundenende, ob es beim fremdsprachlichen Lesen wichtig ist, jedes Wort zu verstehen.

Is it important to understand every word in a text? Did you still understand the story even if there are some words you don't understand?

Im Klassengespräch wird deutlich, dass es beim Lesen nicht notwendig ist, jedes einzelne Wort zu verstehen.

Sprachbewusstheit fördern

Mit mehrsprachigen Geschichten lassen sich viele Übungen zum Sprachvergleich und zur Förderung der Sprachbewusstheit durchführen. Wie dies geschehen kann und welches Lernpotenzial dies für Grundschüler*innen birgt, lässt sich hier nachlesen: Lohe, V. (2018). *Die Entwicklung von Language Awareness bei Grundschulkindern durch mehrsprachige digitale Bilderbücher – Eine quasi-experimentelle Untersuchung zum Einsatz von MuViT in mehrsprachigen Lernumgebungen.* Tübingen: Narr.

Im Fall der MuViT–Software (s. Tippkasten „Digitale Storybook-Apps in verschiedenen Sprachen“, S. 59) werden Übungen zum Sprachenvergleich gleich mitgeliefert.

© Norbert Höveler

Unknown words

We don't know this word/sentence: Wir kennen dieses englische Wort/diesen Satz noch nicht:	**What the word or sentence could mean:** Das könnte das Wort oder der Satz bedeuten:	**What has helped us?** Was hat uns geholfen?
		❐ Pictures ❐ Clever guessing ❐ Language detective ❐ Word detective ❐ ....
		❐ Pictures ❐ Clever guessing ❐ Language detective ❐ Word detective ❐ ....
		❐ Pictures ❐ Clever guessing ❐ Language detective ❐ Word detective ❐ ....
		❐ Pictures ❐ Clever guessing ❐ Language detective ❐ Word detective ❐ ....

© Verlag an der Ruhr | Autorinnen: Judith Bündgens-Kosten, Maria Sussex | www.verlagruhr.de

Flashcards: Language detective strategies

Pictures

© Anja Boretzki

Clever guessing

© Katja Hillscher

Language detective

I am happy. I have got a new bike. The bike is blue and silver. I love to ride my new bike.	Я счастлив. У меня новый велосипед. Велосипед синий и серебристый. Я люблю кататься на своем новом велосипеде.

Lupe: © Anja Boretzki

Word detective

Lupe: © Anja Boretzki

© Verlag an der Ruhr | Autorinnen: Judith Bündgens-Kosten, Maria Sussex | www.verlagruhr.de

The translator in my pocket

Mit Übersetzungsapps experimentieren

Darum geht's

Die Kinder experimentieren mit digitalen Übersetzungstools und reflektieren kritisch Stärken und Schwächen digitaler Übersetzungen.

Die Kinder …

- lernen das Konzept „Übersetzung" kennen.
- erkunden mit einer Übersetzungs-App Bücher in verschiedenen Sprachen.
- beschreiben die Funktionen der Übersetzungs-App auf Deutsch.
- überprüfen die Sinnhaftigkeit der Übersetzungen kritisch.

Materialliste

- (bekannte) Kinderbücher in mehreren Sprachen (z. B. Deutsch, Englisch, sonstige Erstsprachen der Kinder)
- Tablets mit „Google Übersetzer"-App (Englisch: „Google Translate") und WLAN-Zugang (alternativ kann auch eine andere Übersetzungs-App mit ähnlichem Funktionsumfang genutzt werden)
- Kopiervorlage „Translation review" (S. 68)

Redemittel

rezeptiv	produktiv
• What does translation/translator/to translate a text mean? • Into what language was the book translated? • What does the app do? • Open the app. • Click on the „camera" symbol. • Hold the tablet over your books. • Put down the tablets. How good is the translation?	• The app translated the text into … (German, English …) • The title of this book is: … • The author is … • The translator is … • The language of this book is … • I (don't) understand the text. • I understand a little. • The translation is good/so-so/not good. • ggf. Sprachen nach Bedarf: German/English/French/Greek/Amharic/Turkish etc.

Das bereiten Sie vor

- Aktivieren Sie an den Tablets das WLAN, stellen Sie in der Übersetzungs-App die Sprachen auf „Englisch" (Quellsprache) und „Deutsch" (Zielsprache) ein und aktivieren Sie die Sofortübersetzungsfunktion (beim „Google Übersetzer" „Auge" bzw. „Kamerasymbol")
- Bereiten Sie die Bewertungs- und Wortkarten vor, sodass Sie diese an der Tafel anbringen können.

Kinderbücher in verschiedenen Sprachen

Kinderbücher in verschiedenen Sprachen sind oft in Stadtbibliotheken verfügbar. Alternativ sind auch die Lehrkräfte für herkunftssprachlichen Unterricht oder die Eltern der Kinder eine gute Ansprechperson.

Stundenverlauf

1. Einstieg (10 Minuten)

Begrüßen Sie die Klasse und führen Sie in das Thema „Übersetzungen" ein.

13. The translator in my pocket

Mit Übersetzungsapps experimentieren

People around the world speak different languages. That is why we sometimes translate a text from one language to another language. Joanne K. Rowling, the author of „Harry Potter", comes from England. She wrote in English. You can also read „Harry Potter" in German and in more than 75 other languages. Did Rowling translate the books? No, they were translated into different languages by translators. The job of a translator is to translate a text from one language, for example from English, to another language, such as German.

Klären Sie gemeinsam mit den Kindern die englischsprachigen Bezeichnungen *translation, translator* und (*to*) *translate.*

What does „translation" mean?
What does „translator" mean?
What does „to translate a text" mean?

Sie können anhand eines Kinderbuchs in der Originalversion und einer übersetzten Version (z. B. die „Harry Potter"-Reihe von J.K. Rowling oder „The very hungry caterpillar"/„Die kleine Raupe Nimmersatt" von Eric Carle) an dieser Stelle die Begriffe *title, author, translator* und *language* mit den Wortkarten an der Tafel einführen und die Antworten der Schüler*innen ggf. notieren.

What is the title of the book?
Who is the author?
Who is the translator of the book?
Into what language was the book translated?

Zeigen Sie dabei jeweils auf die Stelle des Buchs, in der die relevante Information zu finden ist (Titel und Autor*in auf dem Buchumschlag, Übersetzer*in oft auf der Innentitelseite).

2. Hinführung (10 Minuten)

Zeigen Sie der Klasse auf einem Tablet die App „Google Übersetzer"/„Google Translate" (der Einfachheit halber beziehen sich die folgenden Ausführungen auf diese App, Sie können aber auch eine andere, von Ihnen ausgewählte Übersetzungs-App verwenden).
Erfragen Sie hierzu das Vorwissen der Kinder und ergänzen Sie ggf., dass es sich um ein Übersetzungsprogramm handelt.

Look, there's an app. It's called „Google Translate"/„Google Übersetzer". What does the app do? Do you have an idea?

Im Abschluss modellieren Sie das Arbeiten mit der App:

Let's see whether the app can translate the text from English into German.

(Optional: Zur Demonstration können Sie auch, falls vorhanden, eine Dokumentenkamera benutzen. Legen Sie dazu einfach das Tablet unter die Dokumentenkamera, die Schüler*innen können dann nachvollziehen, worauf Sie klicken.)

I click on the app. Then I click on the camera symbol. I hold the tablet over my book. What happens? The text is translated from English into German. Let's read!

Lesen Sie einen kurzen Abschnitt des übersetzten Textes laut vor und kommentieren Sie danach die eingeschätzte Qualität der Übersetzung mithilfe einer der Bewertungskarten (S. 68).

☺ *I understand the text. This is a good translation.*
😐 *I understand a little. The translations is soso.*
☹ *I don't understand the text. The translation is not good.*

13. The translator in my pocket

Mit Übersetzungsapps experimentieren

Weitere Bemerkungen können ergänzt werden:

I understand most of the text, but I think that some words have not been translated correctly. For example …

3. Arbeitsphase (15 Minuten)

Erzählen Sie den Kindern, dass sie sich nun selbst mit Übersetzungen beschäftigen werden. Teilen Sie die Klasse hierzu in mehrere Gruppen auf (zwei bis vier Kinder pro Gruppe) und geben Sie jeder Gruppe englischsprachige Kinderbücher sowie ein Tablet.

Take your tablet. Find the „Google Translate" app. In German, the app is called „Google Übersetzer". Open the app. Now click on the camera symbol. Hold the tablet over your books. See what happens. Find out: How good is the translation with the app?

Da die App auf „Englisch nach Deutsch" voreingestellt ist, wird sie erst nur bei englischsprachigen Büchern Übersetzungen vorschlagen. Wenn die Kinder diese Funktion ausgetestet haben, können Sie die Gruppen darauf hinweisen, wie man die Sprachen wechselt und damit z. B. auch Arabisch nach Deutsch oder Deutsch nach Englisch erkundet werden kann. Falls die Namen verschiedener Sprachen bereits eingeführt wurden, bietet es sich an, diese kurz zu wiederholen.

Stellen Sie den Schüler*innen auch weitere Bücher in anderen Sprachen zur Verfügung (z. B. „Die kleine Raupe Nimmersatt" in Deutsch, Englisch, Griechisch, Türkisch). Neben Büchern kann natürlich auch das sonstige sprachliche Umfeld (z. B. Wandposter, Hinweisschilder) mit einer Übersetzungs-App in den Blick genommen werden.

4. Diskussion und Abschluss (10 Minuten)

Lenken Sie die Aufmerksamkeit der Kinder wieder auf sich.

Please, put down the tablets. What did you notice? How good is the translation? Start by telling us about title, author and language of your book.

Sammeln Sie Berichte der Kinder. Dabei beginnen die Schüler*innen, zunächst den Titel, den*die Autor*in sowie die Sprache des Ausgangstextes vorzustellen, und gehen anschließend auf die Bewertungskarten ein. Die Redemittel können an der Tafel als Gedächtnisstütze visualisiert sein.

1. *The title of the book is …*
2. *The author is …*
3. *The language of the book is …*
4. *We translated the text into …*
5. ☺ *I/We understand the text. This is a good translation.*
   😐 *I/We understand a little. The translation is so-so.*
   ☹ *I/We don't understand the text. The translation is not good.*

Gemeinsam wird über die Güte der Übersetzungen reflektiert. Im Klassengespräch können dann Vor- und Nachteile diskutiert werden, wie etwa die Praktikabilität solcher Apps, z. B. auf Reisen im Ausland, aber auch Fehleranfälligkeit und mögliche Missverständnisse.

Griffhilfen

Für diese Aufgabe muss das Tablet relativ stabil gehalten werden. Dies ist für viele Kinder eine Herausforderung. Tablet-Hüllen mit kinderfreundlichen Griffen können hier alle Kinder, und insbesondere solche mit motorischen Schwierigkeiten, unterstützen.

Translation review

	I/We understand the text. The translation is good.
	I/We understand a little. The translation is so-so.
	I/We don't understand the text. The translation is not good.

title
author
translator
language

 © Verlag an der Ruhr | Autorinnen: Judith Bündgens-Kosten, Maria Sussex | www.verlagruhr.de

Schreiben & Texte gestalten

Creating digital storybooks

Mit „Knietzsches Geschichtenwerkstatt" Geschichten erzählen (Teil 1 und 2)

Darum geht's

Die Schüler*innen entwickeln in Kleingruppenarbeit mit der App „Knietzsches Geschichtenwerkstatt" kurze digitale Geschichten mit Bild und englischsprachigem Text.

Knietzsches Geschichtenwerkstatt

„Knietzsche, der kleinste Philosoph der Welt" oder auch bekannt als „Knietzsche erklärt die Welt" ist eine Zeichentrickserie des SWR, die den Kindern der Klasse womöglich vertraut ist.
In der App „Knietzsches Geschichtenwerkstatt" können aus einer Reihe von Orten, die als Szenenbilder dienen, und weiteren Gestaltungsmitteln, wie Personen – darunter auch die Figur „Knietzsche" –, Körperteile, Kleidung, Kopfbedeckungen, Tiere und vieles andere mehr, per Drag und Drop kreative „Seiten" eines Geschichtenbuchs entstehen. Auf jeder Seite der Geschichte kann Text in Form von Untertiteln ergänzt werden. Nach Fertigstellung einer Geschichte ist es möglich, diese auf dem digitalen Endgerät als PDF abzuspeichern, zu versenden oder sie auszudrucken.

Die Kinder …

- erstellen drei Seiten eines digitalen Bilderbuchs, lernen dabei grundlegende Gestaltungselemente der App kennen (Hintergründe, Figuren, Gegenstände, Symbole, Text einfügen) und wenden diese gestalterisch an.
- versehen die Bilder zu ihren Geschichten mit einem Titel und englischsprachigen Texten (Untertiteln) und lesen diese vor.
- greifen auf vorgegebene Redemittel zurück und erweitern diese, passend zu ihren Geschichten, schriftlich bzw. setzen sie fort.

Materialliste

- Arbeitsblatt „Our story" (S. 76)
- Tablets (eines für je 3 Kinder)
- falls vorhanden: tabletkompatible Präsentationsmöglichkeit (z. B. Beamer, großer Bildschirm, interaktives Whiteboard, Dokumentenkamera)

Redemittel

rezeptiv	produktiv
• Do you like my story? Do you have ideas for your story? • Open/try out the app. Who is in your story? Where is it? What is the problem? What happens? • Put the tablet aside. Discuss and decide what you want to write on page one, page two and page three. What is the title of your story? Copy the text for your digital story. Take turns. • Take out your worksheets. Let me know when you have finished.	abhängig von der jeweils gewählten Geschichte (s. Arbeitsblatt)

Das bereiten Sie vor

- Installieren Sie die kostenfreie, werbefreie App „Knietzsches Geschichtenwerkstatt" auf den Tablets.
- Die App ist für Windows-Computer, Android- oder iOS-Geräte verfügbar. (Zur Benutzung der App ist kein Internetzugang notwendig.)

14. Creating digital storybooks

Mit „Knietzsches Geschichtenwerkstatt" Geschichten erzählen (Teil 1 und 2)

- Für die Phase des Einstiegs ist es hilfreich, den Schüler*innen eine fertige digitale Geschichte modellhaft zu präsentieren. Erstellen Sie daher in Vorbereitung auf die Stunde eine eigene, möglichst kurze (3- bis 4-seitige) Geschichte mithilfe der App. Beispielsweise könnten Sie Bilderbücher, die Sie im Rahmen des Storytellings bereits mit den Schüler*innen gelesen haben (z. B. „The very hungry caterpillar") mithilfe der App neu erzählen und ggf. Figuren, Gegenstände oder Orte der Geschichte durch andere Gestaltungsmerkmale ersetzen. Alternativ finden sich in der App fertige, deutschsprachige Geschichten, die ebenfalls als Beispiel und als Anregung dienen können.
- Eine weitere Idee für einen sehr einfachen Handlungsstrang einer Geschichte ist im Folgenden aufgeführt. Die hier vorgeschlagene Struktur kann als Anregung für das vorbereitete Tafelbild in der Hinführungsphase I der Stunde 1 dienen.

1. Seite: *Who, where and what?* Vorstellung der Hauptfigur, des Ortes und des Problems	This is … He/she/it is … (at the playground/ beach/in the woods/ outside/under water/ in the desert/in outer space/ at the stadium/ in the countryside/ downtown/inside/in the kitchen/in the classrom/ on the bus/underground/ in the office/in prison/ in the television studio). He/she/it is … (lonely/ bored/hungry/thirsty/ unhappy) because …
2. Seite *What happens?* Eine neue Figur kommt hinzu und trägt zur Lösung bei.	Then comes … He/she is …/ gives … a …/ plays with …
3. Seite *The end* Die Hauptfigur ist zufrieden.	Now, … is no longer … Happy end!

- Fertigen Sie für die zweite Stunde für jedes Kind eine Kopie des Arbeitsblatts „Our story" an.

Stundenverlauf, Stunde 1

1. Einstieg (5–10 Minuten)

Berichten Sie den Schüler*innen vom Lernziel der nächsten beiden Englischstunden:

Today and in the next lesson, I want you to become story writers. You are going to create your own digital story! In groups, you will design and write a story on a tablet.

Bitten Sie die Schüler*innen ggf. in den Kinositz und zeigen Sie den Kindern eine selbst erstellte Geschichte (s Vorbereitung).

I want to show you my story. Yesterday, I used the app „Knietzsches Geschichtenwerkstatt" to create a story. Here it is.

Lesen Sie dabei den Titel und den Text der einzelnen Seiten laut vor oder wählen Sie hierfür ggf. ein Kind der Klasse aus.

14. Creating digital storybooks

Mit „Knietzsches Geschichtenwerkstatt" Geschichten erzählen (Teil 1 und 2)

2. Hinführung I (10–15 Minuten)

Anschließend fragen Sie, wie den Schüler*innen die Geschichte gefällt und ob sie bereits eigene Ideen für Geschichten haben.

Do you like my story? Do you have ideas for your story?
Great! Let's start working on our English stories.
We need to know: Who is in the story? Where is it?
What's the problem? And what happens?

Lenken Sie den Fokus darauf, dass alle von den Schüler*innen noch zu erarbeitenden Geschichten eine gemeinsame Struktur aufweisen sollten. Visualisieren Sie ggf. an der Tafel den Aufbau der Geschichten (Wo? Wer? Was ist das Problem? Was passiert? Wie ist es dann?) und halten Sie dabei notwendige, englischsprachige Redemittel fest. (Anregungen für Redemittel finden Sie unter dem Punkt „Das bereiten Sie vor".)
Erinnern Sie die Schüler*innen ebenfalls daran, sich am Ende einen geeigneten Titel für ihre Geschichten auszudenken.

3. Hinführung II (5–10 Minuten)

Erklären Sie den Schüler*innen die Funktionsweise der App, indem Sie eine neue Geschichte erstellen und beispielhaft die Auswahlmöglichkeiten und wichtigsten Bedienungselemente vorstellen. Empfehlenswert ist hierbei die Projektion mit einem Beamer, damit alle Kinder der Klasse dem Prozess der Erstellung gut sichtbar folgen können. Wenn zur Projektion eine Dokumentenkamera genutzt wird, ist besonders leicht nachzuvollziehen, wie Sie vorgehen.

First, I start the app. Then I click the symbol „+" to create a new story.
This is the first page. On the top left hand side, I see a blue corner with an arrow. I click and see a drop-down menu with five different icons.
*First, I choose **where** my story should take place. There are many places inside or outside. There is a playground. There is a snowy landscape and many more. I choose the beach. Now I click on the next icon and choose a **character**. I choose a girl. I click on the girl and see different circles in blue. Look, I can change the girl's position by moving her with my finger on the screen. See the two arrows? I can make her bigger or smaller. If I don't like what I see and want something else, I click on the waste bin and delete the figure. When I go back to the drop-down menu and try out the other icons, I see many other options for my story. If I want something or somebody to be in front, I click twice.*
*When I click the blue corner on the left, I also see the pages of my story on the top. When I click on a page, I see different blue circles. When there are two or more pages, next to the front page, I can delete, change the order and copy my pages. To copy a page is very helpful because then I can continue right away, and I don't have to start from the beginning with choosing background and characters. I can also add another page by clicking the symbol „+". I should not forget to give my story a **title** and write down the author's name (or names of all authors).*
Now, I would like to describe the picture and write. So, I click on the lower part. A white field appears. I click here and see a keyboard. Now, I can write the words and sentences.
Below, on the bottom right there is a red box.
When I have finished, I can have a better look at my story by clicking on the eyes. When I want to go back and change something, I have to click on the pencil.

4. Arbeitsphase (15 Minuten)

Teilen Sie die Klasse in Gruppen von zwei oder drei Schüler*innen ein. Eine möglichst leistungsheterogene Zusammensetzung von Schüler*innen könnte sich hierbei förderlich auswirken, da sich Kinder gegenseitig helfend unterstützen können.

14. Creating digital storybooks

Mit „Knietzsches Geschichtenwerkstatt" Geschichten erzählen (Teil 1 und 2)

Jede Gruppe erhält ein Tablet, mit dem eine Geschichte erstellt werden soll.

Geben Sie den Schüler*innen zunächst die Gelegenheit, sich in ca. 5–10 Minuten mit der App vertraut zu machen, und lassen Sie sie bei der Auswahl von Schauplätzen und dem Gestalten/Dekorieren von Personen und Gegenständen zunächst frei experimentieren.
Treffen Sie Absprachen, sodass alle Kinder einer Gruppe abwechselnd mit dem Tablet arbeiten dürfen (ggf. Wechsel nach einer bestimmten Zeitvorgabe):

Open the app. You have 5–10 minutes to try out the app. Get an overview! Who could be in your story? Where could the story take place (at the beach, in school …)? Experiment with the app. Make sure that you take turns!

Anschließend werden die Schüler*innen der einzelnen Gruppen dazu aufgefordert, sich innerhalb einer kurzen 5-minütigen Arbeitsphase mögliche Handlungsstränge einer Geschichte zu überlegen. Die Schüler*innen halten diese Ideen ggf. in Form von Stichpunkten fest (z. B. auf Schmierpapier oder einer unbeschriebenen Rückseite eines Arbeitsblattes in der Englischmappe). Geben Sie den Schüler*innen dann einen Ausblick auf die nächste Stunde und sammeln Sie die Tablets ein.

Put the tablet aside and discuss your ideas for a story with your group members. Take notes on a sheet of paper!
We will continue next lesson with creating digital storybooks.

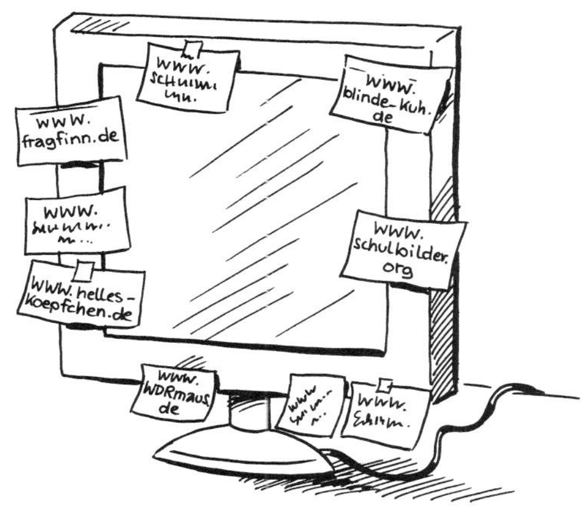

© Norbert Höveler

14. Creating digital storybooks

Mit „Knietzsches Geschichtenwerkstatt" Geschichten erzählen (Teil 1 und 2)

Stundenverlauf, Stunde 2

1. Einstieg (5 Minuten)

Erinnern Sie die Schüler*innen daran, dass sie heute innerhalb ihrer Gruppen an der Erstellung digitaler Geschichten weiterarbeiten werden. Fordern Sie die Schüler*innen, die ihre Ideen für eine Geschichte schriftlich festgehalten haben, auf, ihre Notizen hervorzuholen und sich ggf. wieder an ihre Gruppentische zu setzen.

Today, you are going to create your digital stories! Please, come together in your groups and take out your notes.

2. Arbeitsphase I (15 Minuten)

Angelehnt an das erarbeitete Handlungsgerüst aus der Hinführungsphase I der letzten Englischstunde und mithilfe der bereits angestellten Überlegungen während der Arbeitsphase in Stunde 1 soll der Schreibprozess für die Arbeit mit der App vorentlastet werden. Bitten Sie daher die einzelnen Gruppenmitglieder, einen möglichen Text zu den Seiten der Geschichte und eine Überschrift zu besprechen und diesen Text auf dem Arbeitsblatt festzuhalten.

Have a look at the worksheet. Please discuss and decide what you want to write on page one, page two and page three. Remember, first, on page one, you have to present who is in the story and where he or she or it is. The words below can help you. Then you write down what the problem is.
On page two, you write down what happens. How is the problem solved?
On page three, you write down how the situation is now for the character (person or animal). Is he happy? Is she no longer hungry? Is it no longer lonely, but happy with a new friend? You can end with „Happy end" or „The end".
What is the title of your story? Don't forget to write down the title. When working with the tablet and the app, you will copy this text for your digital story.

*Versichern Sie sich, dass die Schüler*innen die Anweisung verstanden haben, etwa indem Sie ein Kind bitten, diese noch einmal auf Deutsch zu wiederholen.*

Teilen Sie die Arbeitsblätter aus und lesen dabei, bei Bedarf, unbekannten Wortschatz einmal vor und klären diesen.
Im Verlauf der Gruppenarbeiten stehen Sie bei individuellen Fragen von Schüler*innen beratend zur Seite.

Wenn die textliche Grundlage für die Geschichten erarbeitet worden ist, können die Kinder in ihren Gruppen mit der Arbeit in der App beginnen. Teilen Sie hierfür die Tablets an die Gruppen aus.

3. Arbeitsphase II (20–25 Minuten)

Es beginnt die Erstellung der digitalen und mit Text versehenen Bildergeschichte in Gruppenarbeit. Klären Sie mit den Kindern ggf. erneut den Arbeitsauftrag und besprechen Sie, um möglichen Konflikten vorzubeugen, die abwechselnde Nutzung des Tablets innerhalb der Gruppe (z. B. jedes Gruppenmitglied gestaltet eine Seite der Geschichte in der App und versieht sie mit Text).

Let's start. Let's create a digital story. Later you can present your story to your fellow pupils. When you have finished, let me know.

Sind die Schüler*innen schon gut mit der App „Knietzsches Geschichtenwerkstatt" vertraut, können die Geschichten in Umfang und Text erweitert werden. Ggf. können die Schüler*innen dann für selbstständige Übersetzungen auch englischsprachige Bildwörterbücher (z. B. mit Lesestiftunterstützung) zum Nachschlagen nutzen (s. Tippkasten „Bildwörterbücher und Wimmelbildbücher mit Lesestiftunterstützung", S. 45).

14. Creating digital storybooks

Mit „Knietzsches Geschichtenwerkstatt" Geschichten erzählen (Teil 1 und 2)

Helfen Sie Gruppen, die ihre digitale Geschichte fertiggestellt haben, beim Versenden der Geschichten. Hierfür muss man zurück zur Übersicht aller Geschichten (Buchsymbol in roter Box am rechten, unteren Bildrand). Dort wählt man die entsprechende Geschichte aus. Man sieht erneut blaue, kleinere Kreise, darunter ganz rechts ist das Symbol für den Versand. Wählen Sie aus den entsprechenden Optionen aus und bereiten Sie die Datenübertragung für die Präsentationsphase vor.

Fordern Sie dann die Schüler*innen auf, sich auf die Präsentation vorzubereiten, indem sie den Text zu den Geschichten wie auch die Titelseite lesen und vortragen üben. Die einzelnen Gruppenmitglieder sollen sich auf die Reihenfolge der Vortragenden einigen.

Take turns and practice reading your stories and your title. When you present, each group member will read the text of one page. Decide who presents page one, page two and page three. Also decide who presents the title.

4. Präsentation und Abschluss (5 Minuten und Folgestunde)

Die Klasse sieht sich die digitalen Geschichten einzelner Gruppen an; die Schüler*innen lesen den dazugehörigen Text vor. Diese Präsentation wird in der Folgestunde fortgesetzt, sodass alle Geschichten im Klassenverbund präsentiert werden können. Stellen Sie dabei sicher, dass alle Kinder gut sehen können (z. B. im Kinositz). Wertschätzen Sie die Schülerprodukte, indem Sie deutlich machen, was den Schüler*innen gelungen ist (sprachlich sowie kreative, gestalterische Prozesse). Auch das Feedback der Mitschüler*innen wird eingeholt.

I like your story very much because …

Da die Geschichten grundsätzlich wieder geöffnet und innerhalb der App weiterbearbeitet werden können, kann sich eine erneute Überarbeitungsphase in Folgestunden für die Gruppen anbieten. Hierfür sollten dann im Vorhinein Kriterien erarbeitet werden, auf die innerhalb der Präsentationsphase ein Feedback gegeben wird, das neben Lob auch Optimierungsvorschläge enthält. Solche Kriterien könnten sein:

- Passung der bildlichen und textlichen Gestaltung
- Thema: klar dargestellte, nachvollziehbare Problemstellung innerhalb der Geschichte mit guter/innovativer Lösung
- Ästhetik/Innovation/Spannung der digitalen Geschichte
- Sprachrichtigkeit (reproduktives Schreiben nach Vorlage)

Knietzsches Geschichtenwerkstatt: Ausblick und Ergänzung

Die deutschsprachige App „Knietzsches Geschichtenwerkstatt" bietet sich auch für einen fächerübergreifenden Einsatz an.
So können vielfältige Themenbereiche, wie Tiere, Medien, Nachrichten, Wetter u. a., aufgegriffen und auf kreative Weise z. B. im Deutsch- und Sachunterricht digital als Geschichten aufbereitet werden. So lassen sich mit der App vielfältige, individuelle mediale Projekte realisieren.

Wenn Sie möchten, dass die Schüler*innen die Wörter auf dem Arbeitsblatt mehrfach anhören können, bietet sich auch die Unterstützung mit einem Lesestift (z. B. „Anybook Reader" oder „BOOKii") an.

Our story

© Anja Boretzki

Name: ....

Page 1	Who?	This is ....
	Where?	He She is .... It
	What's the problem?	He She is .... It (because ....)
Page 2	What happens next?	Then comes .... He She is .... It
Page 3	Happy end!	Now, ... is no longer .... Happy end!/The end.

The title of our story is ....

words » words » words » words » words » words » words » words » words » words » words » words » words » words

Where?	outside	inside
	• at the playground • at the beach • in the snow • in the woods • under water • in the desert • in outer space • at the stadium • in the countryside • downtown	• at home • in the kitchen • in the classrom • at school • on the bus • in the underground • in the office • in prison • in the television studio
What's the problem?	feelings	needs
	• lonely • bored • unhappy • anxious • angry	• hungry • thirsty • sick • tired

© Verlag an der Ruhr | Autorinnen: Judith Bündgens-Kosten, Maria Sussex | www.verlagruhr.de

Adventures of the classroom mascot

Die Aktivitäten eines Stofftieres dokumentieren

Darum geht's

Die Kinder dokumentieren in einem schulbegleitenden Projekt fotografisch den Alltag ihres Klassenmaskottchens und verfassen dazu kurze Begleittexte.

Die Kinder …

- machen im Projektverlauf Fotos, die den Alltag ihres Klassenmaskottchens dokumentieren.
- schreiben in Gruppen-/2er-Arbeit Begleittexte.

Materialliste

- Klassenmaskottchen (z. B. Stofftier)
- digitales Endgerät mit Textverarbeitung (z. B. Tablet mit „AndrOpen Office" (Android), „Book Creator"-App (iOS) o. Ä., Laptop mit üblicher Textverarbeitungssoftware etc.).
- Wählen Sie die Software auf Basis dessen aus, was Ihnen vertraut ist, was leicht verfügbar ist, was ggf. auch von den Schüler*innen in Zukunft weiterverwendet werden soll sowie den Datenschutzstandards genügt.
- falls vorhanden: Präsentationsmöglichkeit passend zum gewählten digitalen Endgerät (z. B. Beamer, großer Bildschirm, Dokumentenkamera)
- mindestens eine Fotografiermöglichkeit (z. B. Tablet, privat genutzte Handys [der Eltern], digitale Kamera)
- Arbeitsblatt „The adventures of our classroom mascot" (S. 80)
- englischsprachige Bildwörterbücher (s. Tippkasten „Bildwörterbücher und Wimmelbildbücher mit Lesestiftunterstützung", S. 45)

Redemittel

rezeptiv	produktiv
• take a photo • diary • diary entry (s. auch die Lehrkraft-Texte)	an bereits vorhandene Redemittel/Kontexte anpassen

Das bereiten Sie vor

- Falls nicht schon vorhanden, besorgen Sie ein Stofftier als Klassenmaskottchen bzw. als Projektstofftier.
- Bereiten Sie beispielhaft einen Text mit Foto vor, den Sie digital präsentieren können.
- Kopieren Sie das Arbeitsblatt „The adventures of our classroom mascot" für jedes Kind.
- Informieren Sie die Eltern und Erziehungsberechtigten über das Projekt und bitten Sie um Unterstützung bei der fotografischen Dokumentation.

Stundenverlauf

1. Einstieg (5–10 Minuten)

Lenken Sie die Aufmerksamkeit der Klasse auf das Klassenmaskottchen/das Projektstofftier (im folgenden Dialog mit M betitelt), das mit Ihnen in einen Dialog tritt.

L: *Good morning, (name of mascot)! How are you?*
M: *I'm fine. And you?*
L: *I'm also fine. (Name of mascot), you need help, is that true?*
M: *Yes, I do. I have a diary. But I cannot write.*
L: *(an die Klasse gerichtet) What is a diary?* (Äußerungen sammeln und das Wort nochmals mit den Schüler*innen sprechen)
L: *A diary is a book in which people write about their day.*
M: *And I have got a digital diary!*
L: *Yes, I know. (Name of mascot), I helped you yesterday. Should we show the children yesterday's entry in your diary?*
M: *Sure. Let's take a look!*

Präsentieren Sie einen beispielhaften Text mit Foto, z. B.: „I am at school. Math is very interesting today." Sie können diesen Text natürlich auf die individuelle Klassensituation und die schon bekannten Redemittel hin anpassen.

15. Adventures of the classroom mascot

Die Aktivitäten eines Stofftieres dokumentieren

Mio war da!

Für einen fächerübergreifenden Einsatz bietet sich das deutschsprachige Buch „Mio war da!" an, das ein ganz ähnliches Projekt zum Thema hat. Hier ist der Pinguin Mio bei allen Schüler*innen einer ersten Klasse reihum zu Besuch und beschreibt, ohne zu werten, die verschiedenen Familien- und Lebensumstände, in die er bei seinen Besuchen hineinschnuppern durfte.

Székessy, T. (2019). *Mio war da!* Leipzig: Klett Kinderbuch.

2. Hinführung I (15 Minuten)

L: *Let's help (name of mascot)! In the next weeks and months, each of you can take a photo of (name of mascot) and then we'll write a text about his/her/its day for the diary in class. (Name of mascot), do you like the idea?*

M: *Yes, I do. That's great! Thank you very much!*

L: *Let's do the first one together. Who wants to take a photo?*

Wählen Sie zwei Kinder aus, die gemeinsam ein Foto vom Stofftier „in Aktion" machen, z. B. beim Lesen, beim Schreiben auf der Tafel etc. Ein Kind bedient dabei die Kamera/das Tablet etc., das andere Kind hilft dabei, das Stofftier in Position zu halten. Achten Sie darauf, dass keine Kinder im Foto erkennbar abgebildet sind.

Zeigen Sie anschließend allen Kindern das Foto (z. B. via Hochhalten des Tablets, Projektion via Dokumentenkamera o. Ä.)

Now, we need a text. What could we write next to the picture?

Sammeln Sie Ideen und halten Sie einige davon an der Tafel fest.
Stellen Sie dann Foto und Text in dem gewählten Textverarbeitungsprogramm bzw. der App zusammen. Hierbei können Sie die Klasse zusehen lassen (z. B. via Dokumentenkamera). Alternativ sammeln die Schüler*innen, während Sie die Arbeitsergebnisse zusammenstellen, in 2er-Arbeit bereits erste Ideen, wo und bei welcher Aktivität sie das Klassenmaskottchen fotografieren könnten, und versuchen sich an der englischen Versprachlichung.

What could (name of mascot) do in school? Discuss your ideas.

Betrachten Sie den fertigen Eintrag gemeinsam.

Let's have a look at our first diary entry.

3. Hinführung II (3–5 Minuten)

Besprechen Sie die Regeln des Projekts:

For this project, these are our rules:
We do not take photos that show our faces.
We do not use our names.
(bei Bedarf weitere, evtl. schulspezifische Regeln ergänzen)

4. Arbeitsphase (15 Minuten)

Bilden Sie Gruppen von drei oder vier Kindern und verteilen Sie das Arbeitsblatt. Gemeinsam tauschen die Kinder erste Ideen aus und überlegen, wo und bei welcher Aktivität das Klassenmaskottchen fotografiert werden könnte.
Im oberen Teil des Arbeitsblattes können die Situationen skizzenhaft gezeichnet oder schriftlich festgehalten werden. Im unteren Teil sollen die Gruppen an englischsprachigen Verschriftlichungen der Situationen arbeiten. Stellen Sie hierfür Bildwörterbücher zur Verfügung und unterstützen Sie bei Fragen der Kinder.

15. Adventures of the classroom mascot

Die Aktivitäten eines Stofftieres dokumentieren

Let's form groups. Look at the worksheet. What could (name of mascot) do in school? Discuss your ideas and write them down in English. The picture dictionaries can help you.

5. Ergebnissicherung und Ausblick (5 Minuten)

Einzelne Gruppen tragen ihre Ergebnisse vor und Sie geben ein kurzes Feedback. Auch das Klassenmaskottchen kommt noch einmal zum Einsatz.

***M:** This is great. I like it. Thank you very much!*

Geben Sie einen Ausblick auf die Fortführung des Projekts. Erstellen Sie einen Plan, wann welche Kinder den Schulalltag des Stofftiers dokumentieren dürfen oder, alternativ, an welchen Tagen das Stofftier (und, bei Bedarf, eine digitale Kamera) mit einem Kind nach Hause geht.

Das eigentliche Projekt dauert einige Wochen bis Monate. In den ersten Projektwochen sollten einmal pro Woche einige Minuten Unterricht dafür reserviert werden, die neuen Fotos (ein ausgewähltes Foto je Kind) zu sichten und passenden Text dafür zu entwickeln. Hierbei ist die Einbindung jeweils aktueller sprachlicher Mittel (Schulfächer, Lebensmittel, Orte in der Stadt, Wetter etc.) sinnvoll.
Nach einigen Durchgängen können leistungsstarke Schüler*innen ggf. auch die Tagebucheinträge selbstständig formulieren und schriftlich festhalten.

Umsetzung von „Adventures of the classroom mascot" mit einer Partnerklasse

Noch mehr Spaß macht dieses Projekt, wenn es mit einer Partnerklasse – idealerweise in einem anderen Land – durchgeführt wird und E-Mails an diese Partnerklasse geschickt werden.
Dies muss nicht unbedingt eine Klasse in einem englischsprachigen Land sein! Schüler*innen, die ebenfalls gerade Englisch als Fremdsprache lernen, sind eine ideale Zielgruppe. Auch ein mehrsprachiges Projekt, in dem jede Klasse in Englisch und weiteren Sprachen (z. B. regionalen Minderheitensprachen oder den Erstsprachen von Schüler*innen) kommuniziert, ist denkbar. Hierbei können ein Gefühl für die sprachliche Vielfalt in Europa und der Welt geschaffen und Neugierde auf andere Sprachen geweckt werden. Auch der Wert von Mehrsprachigkeit für die Kommunikation über Grenzen hinweg (z. B. wenn mehrsprachige Schüler*innen ihre eigenen Muttersprachen zum Verstehen der Texte nutzen können) kann so sichtbar gemacht werden.
Statt des Klassenmaskottchens nehmen Sie dann ein Projektstofftier, das eine gewisse Zeit in Land A lebt, dort seine Abenteuer erlebt und dann zu Land B reist (per Post verschickt wird) und wiederum weitere Abenteuer erlebt.

Dieser Bericht über ein (inhaltlich anders ausgerichtetes) Projekt zwischen einer Grundschulklasse in Frankreich und einer in Deutschland zeigt, wie die Verwendung von Englisch als Lingua Franca in einem Austauschprojekt viele Anlässe für Sprachreflexion bieten kann:
Cutrim Schmid, E. (2018). *Developing Plurilingual Competence in the EFL Primary Classroom through Telecollaboration.* In J. Buendgens-Kosten/D. Elsner (Hrsg.), *Multilingual Computer Assisted Language Learning*, 169–188. Bristol: Multilingual Matters.

The adventures of our classroom mascot

© Eva Spanjardt

Name of our mascot: ....

plays ...

talks to ...

eats/drinks ...

sleeps ...

is happy/sad/excited/ ...

....

....

....

....

....

....

© Verlag an der Ruhr | Autorinnen: Judith Bündgens-Kosten, Maria Sussex | www.verlagruhr.de

Greetings from the beach!

Eine animierte Postkarte mit „ScratchJr" erstellen

Darum geht's

In dieser Stunde sollen die Kinder eine animierte Ferienpostkarte mit der App „ScratchJr" erstellen.

Die Kinder …

- sprechen über Orte, an denen man Urlaub machen kann.
- erkunden grundlegende Programmierkonzepte praxisorientiert.
- lernen Gestaltungselemente für einfache interaktive Animationen kennen.

Materialliste

- Tablets mit der App „ScratchJr" (kostenfrei, Android & Apple)
- falls vorhanden: tabletkompatible Präsentationsmöglichkeit (z. B. Beamer, großer Bildschirm, interaktives Whiteboard, Dokumentenkamera)
- ggf. 1–2 (gebrauchte) Postkarten
- Bildkarten „holiday greetings" (S. 112)
  Diese **farbigen Bildkarten** finden Sie hinten im Buch!
- Arbeitsblatt „Creating a digital postcard" (S. 84)

Redemittel

rezeptiv	produktiv
→ postcard • Choose a background image. • Add people/animals/ things/an animation.	• vacation • mountains • beach • big city • at home • Greetings from …

Das bereiten Sie vor

- Installieren Sie die kostenfreie, werbefreie App „ScratchJr" auf den Tablets. (Zur Benutzung der App ist kein Internetzugang notwendig.)
- Machen Sie sich mit der App vertraut, indem Sie eine Beispielkarte erstellen, die später auch der Klasse präsentiert wird.
- Kopieren Sie das Arbeitsblatt „Creating a digital postcard" je einmal für zwei Kinder.
- Kopieren Sie die Vorlage für Flashcards und zerschneiden Sie sie in Einzelpostkarten (Motivkarten).
- Schreiben Sie an die Tafel: „Greetings from the beach!"

Stundenverlauf

1. Einstieg (5–10 Minuten)

Begrüßen Sie die Klasse und erläutern Sie den Kindern, worum es in dieser Stunde geht.

Today, we will first talk about places to go on holiday. Second, we will use tablets to design digital holiday postcards.

Schreiben Sie das Wort *holiday* auf die Tafel/ das interaktive Whiteboard.

These are places you can go to on holidays.

Führen Sie mithilfe der vier Bildkarten (mit Magnet an der Tafel befestigen) oder mit digital vorliegenden Fotos *beach, mountains, big city* und *at home* ein.
Je nach Vorkenntnissen der Schüler*innen können Sie hier auch spezifischen, bereits eingeführten, Wortschatz wiederholen.

16. Greetings from the beach!

Eine animierte Postkarte mit „ScratchJr" erstellen

Tafelbild:

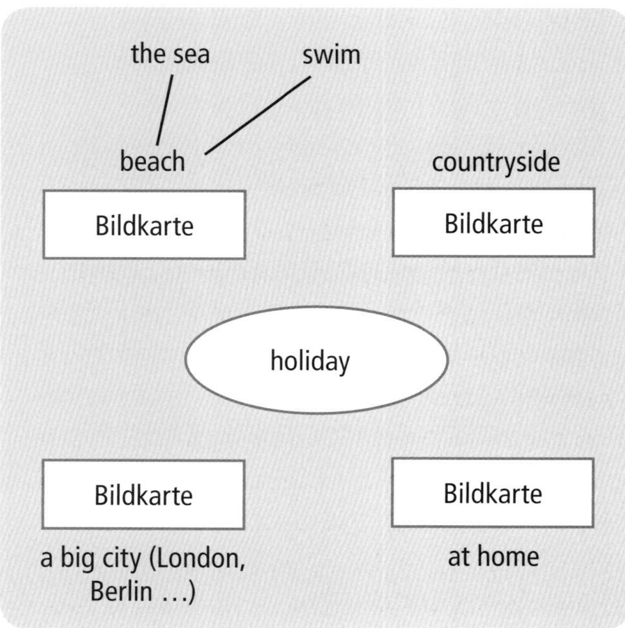

In einer Murmelrunde üben die Schüler*innen das Frage-Antwort-Paar:

***S1**: Where did you go to on holiday?*
***S2**: We went to .../We stayed at home.*

2. Hinführung I (5 Minuten)

Erklären Sie der Klasse:

When people go on holiday, they often send postcards (ggf. eine Postkarte zeigen oder Postkarten herumgeben). *You can send a postcard to a friend, to your grandmother and grandfather or other people. Look, this is a digital postcard!*

Öffnen Sie eine Demo-Scratch-Postkarte auf dem eigenen Gerät, das mit dem Beamer/einem externen Bildschirm verbunden ist, oder legen Sie das Gerät unter die Dokumentenkamera. Ein Kind wird nach vorn gebeten, um interaktive Aspekte zu demonstrieren.

3. Hinführung II (5 Minuten)

Modellieren Sie die Erstellung einer digitalen Postkarte mit „ScratchJr". Demonstrieren Sie, wie ein Hintergrundbild ausgewählt, eine Figur und Text eingefügt werden.

Open the app. First, you choose a background image. I click on the little photograph to find the background pictures. I want to send a postcard from the beach, so I pick a picture of the beach. I double-click on the picture of the beach.
Second, I add text. I click on the button that says „ABC". Now I can write my text: „Greetings from the beach" (auf die Tafel verweisen).
Third, I add people, animals, or things. I already have one animal here: Scratch, the cat. I click on the button with the „plus" sign on the left. I click on the bird.

Zeigen Sie ein oder zwei einfache Animationstypen (z. B. eine direkt von Beginn an von links nach rechts fliegende Möwe bei einem Strandmotiv oder eine nach dem Anklicken „sprechende" Figur, s. Arbeitsblatt S. 84).

Finally, I add animations. I want the bird to move. I click on the bird symbol on the left, and now I can add code at the bottom. I just choose the things I want and drag them down.

Das Arbeitsblatt enthält zwei Modelle dafür, wie eine fertige Animation aussehen könnte. Die einzelnen Befehle sind farbkodiert, sodass z. B. alle „blauen" Befehle (Bewegungen) unter dem blauen Button auffindbar sind. Da das Arbeitsblatt in schwarz-weiß kopiert wird, stehen die entsprechenden Farben neben den Symbolen. Sobald das Programm gestartet wird (grüne Flagge auf gelbem Hintergrund), bewegt sich der Vogel einen Schritt nach rechts (Pfeil auf blauem Hintergrund). Dies wird unendlich oft als Schleife wiederholt („Pfeile-im-Kreis"-Symbol auf rotem Hintergrund), wodurch eine kontinuierliche Flugbewegung entsteht.

16. Greetings from the beach!

Eine animierte Postkarte mit „ScratchJr" erstellen

Das zweite Beispiel sorgt dafür, dass die Katze Scratch beim Berühren einen kurzen Dialogtext in Sprechblasenform „spricht".
Wenn Sie noch andere Animationen nutzen möchten, machen Sie sich im Vorfeld mit diesen vertraut (s. auch Tippkasten rechts, „‚ScratchJr' fachübergreifend nutzen").

To look at the finished postcard, I click on the green flag.

4. Arbeitsphase (15 Minuten)

Weisen Sie die Kinder nun auf den Beginn der Arbeitsphase hin:

Work with a partner to create your own digital postcard.

Verteilen Sie die Tablets und das Arbeitsblatt „Creating a digital postcard", das als Planungshilfe für die Gestaltung und Programmierung dient, an die Paare. Die Schüler*innen dürfen dabei den Beispielcode eins zu eins umsetzen, frei modifizieren oder auch ganz eigene Lösungen suchen.

5. Präsentation und Abschluss (10 Minuten)

Die Schüler*innen demonstrieren ihre Postkarte (Hochhalten, unter der Dokumentenkamera, Verbindung zum Beamer o. Ä.).
(Zur Präsentation schalten Sie am besten in den Ganzbildmodus.) Die Schüler*innen lesen dabei auch den in der Postkarte verwendeten Text vor.

Geben Sie einen Ausblick auf die Folgestunden. Während in dieser Stunde der Fokus auf der Gestaltung der digitalen Postkarte lag, d. h. des Motivs der Karte, kann in einer Folgestunde der eigentliche Postkartentext erarbeitet werden, z. B.

*„Dear Grandfather,
Greetings from the beach! It's sunny!
There's a surfboard and a crab.
Wish you were here,
Tommy"*

„ScratchJr" fachübergreifend einsetzen

In diesem Entwurf liegt der Fokus auf der Gestaltung einer interaktiven Postkarte mit sprachlichen Elementen, d. h. nicht auf dem Programmieren an sich, sondern auf den durch Programmieren gegebenen Gestaltungsmöglichkeiten.
Am sinnvollsten ist der Einsatz von „*ScratchJr*" aber sicherlich, wenn Schüler*innen nicht einfach ein Projekt nacharbeiten, sondern auch durch Experimentieren, z. B. mit der Reihenfolge von Befehlen, lernen wie sich die verschiedenen Befehle, Variablen, etc. auf das Programm auswirken. Dies kann gut fachübergreifend umgesetzt werden. Je mehr Erfahrungen mit „ScratchJr" bereits gesammelt worden sind, umso mehr kann dann im Englischunterricht der Fokus auf die sprachlichen Anteile (z. B. Dialoge zwischen Figuren, mündliche Beschreibung von Bildbestandtteilen) gelegt werden.
Auf der Webseite von „ScratchJr" erhalten Sie viele Anleitungen für einfache Programmierprojekte sowie einen genauen Überblick über die einzelnen Befehle. Die *Activity cards* können gut auf dem interaktiven Whiteboard gezeigt werden (https://www.scratchjr.org/teach/activities). Auch die *Scratch Coding Cards* können Schüler*innen bei ihren ersten Programmierprojekten unterstützen. Fertige Karten sind für ca. 20 € käuflich zu erwerben.
Anders als die reguläre „Scratch"-Version ist „ScratchJr" nicht in eine Online-Community eingebunden. Die Arbeiten werden direkt auf den einzelnen Geräten gespeichert. Sie können aber via E-Mail oder Airdrop geteilt werden. Auf der Webseite von „ScratchJr" ist das ebenfalls beschrieben. Um die Datei öffnen zu können, muss auf dem empfangenden Gerät ebenfalls „ScratchJr" installiert sein.

Creating a digital postcard

Step 1: Choose a background image („photo“).

Wählt ein Hintergrundbild aus.

Where are you?

❒ the beach

❒ the countryside

❒ a big city

❒ my home

© Verlag an der Ruhr

Step 2: Add text („ABC“).

What does your postcard say?

❒ Greetings from …

❒ Wish you were here!

Step 3: Add people, animals, things („+“).

Step 4: What else happens in your postcard?

Was passiert noch auf eurer Postkarte? (Animationen hinzufügen)

❒ Something moves?

1

(Farben: gelb, blau, rot)

❒ Somebody speaks?

Hello! I'm at Wish

(Farben: gelb, 3-mal rosa)

They say: ....

© Verlag an der Ruhr | Autorinnen: Judith Bündgens-Kosten, Maria Sussex | www.verlagruhr.de
Abbildungen Screenshots: © ScratchJr

Sprechen

My things in action

Mit „ChatterPix Kids" Objekte zum Leben erwecken

Darum geht's

In dieser Stunde sollen die Kinder ein Video mithilfe der App „ChatterPix Kids" erstellen, in dem ein Alltagsgegenstand zum Leben erweckt wird und sich vorstellt.

Die Kinder …

- greifen auf bekannte Redemittel zum Themenbereich „Sich vorstellen" zurück, um Dialoge mit Mitschüler*innen zu führen.
- erstellen ein Video und sprechen einen Text auf, in dem sich ein personifiziertes Objekt (z. B. ein Buch, ein Federmäppchen etc.) vorstellt.
- lernen grundlegende Video-Gestaltungselemente (Filter, Sticker) kennen und wenden sie gestalterisch an.

Materialliste

- Tafel
- Tablets mit der „ChatterPix Kids"-App
- Arbeitsblatt „Profiles" (S. 89)
- Kopiervorlage „Role cards" (S. 90)
- falls vorhanden: tabletkompatible Präsentationsmöglichkeit (z. B. Beamer, großer Bildschirm, interaktives Whiteboard, Dokumentenkamera)

Stationenarbeit

Wenn zu viele Kinder an einem Gerät arbeiten, wird es schnell unruhig. Wenn es nicht genug Tablets gibt, um kleinere Gruppen zu bilden, können Sie Aktivitäten meist auch im Rahmen einer Stationsarbeit realisieren.

Redemittel

rezeptiv	produktiv
• Do an interview. • Get up. • Find a pupil. • Do it again. • Take a photo. • Draw a line. • Click the red/yellow/green/blue button. • Click „next". • Fill out the worksheet. • Record the text. • Listen to your recordings. • Choose a filter/sticker/frame. • Save your video.	Redemittel aus dem Bereich „Sich vorstellen": • My name is … • I'm … years old. • I live in … • I like … • I don't like … Fragen zur Person stellen: • What's your name? • How old are you? • Where do you live? • What do you like? • What do you dislike? Wortschatz aus dem Bereich „Dinge im Klassenzimmer" • rubber, pencil, ruler, book … • desk, chair, blackboard, door …

Das bereiten Sie vor

- Vor Beginn der Stunde schreiben Sie die Redemittel aus den Bereichen „Fragen zur Person" stellen und „Sich vorstellen" an die Tafel (Frage-Antwort: „What's your name?" „My name is …" etc.).
- Installieren Sie die kostenfreie, werbefreie App „ChatterPix Kids" auf den Tablets.
  (Zur Benutzung der App ist kein Internetzugang notwendig.)
- Kopieren Sie das Arbeitsblatt „Profiles" für jede Gruppe.
- Kopieren Sie die Kopiervorlage „Role cards" und schneiden Sie die Rollenkarten aus. Sie benötigen jeweils drei Rollenkarten pro Gruppe.

17. My things in action

Mit „ChatterPix Kids" Objekte zum Leben erwecken

Stundenverlauf

1. Einstieg (5 Minuten)

Begrüßen Sie die Klasse und erläutern Sie, worum es in dieser Stunde geht:

Today, you can do magic! You will use tablets to let an object in the classroom speak and present itself. Let's start with an interview to find out more about each other.

Interviewen Sie ein Kind. Verweisen Sie dabei ggf. als Hilfe auf die Redemittel an der Tafel.

What's your name?
How old are you?
Where do you live?
What do you like?
What do you dislike?

Die Redemittel sollten bereits bekannt sein. Die Auswahl an Redemitteln sollte an den Stand Ihrer Klasse angepasst werden.

2. Hinführung I (5 Minuten)

Die Kinder bewegen sich durch das Klassenzimmer und nutzen die an der Tafel stehenden Redemittel, um einander zu interviewen (ca. zwei oder drei Interviews pro Kind).

Now you do interviews! Get up. Find a pupil. Ask questions and give answers. Then do it again with another pupil.

Hinweis zur Differenzierung: Die Kinder können je nach Leistungsstand weitere Fragen stellen:

You can ask more questions – for example „What's your favourite colour/hobby/season …?").

Die Kinder setzen sich nach Abschluss dieser Phase wieder an ihre Plätze.

3. Hinführung II (5 Minuten)

Halten Sie ein Tablet hoch und demonstrieren Sie im Plenum die Erstellung eines Videos mit der App „ChatterPix Kids". Dabei wird ein Objekt im Klassenraum fotografiert.

First, I click the yellow box. Now, I choose an object. For example, I take a photo of the blackboard. Now, I draw a line. This is the mouth. What does the object want to say? I record a message (for example „I'm a blackboard. My name is Brad. I'm 20 years old. I live in the school. I like chalk. I don't like a dirty sponge."). Now I can listen to it.
Let's choose a filter, a sticker and a frame for my video. I click the yellow „next" button and then the green „play" button. I can save my video by clicking the blue button on the bottom right. Now my video is saved in the gallery.

Optional: Falls vorhanden, kann eine Dokumentenkamera zur Unterstützung genutzt werden. Dazu legen Sie einfach das Tablet unter die Dokumentenkamera, die Schüler*innen können dann nachvollziehen, worauf Sie klicken.

4. Hinführung III (10 Minuten)

Bilden Sie Gruppen (idealerweise drei Kinder pro Gruppe) und geben Sie jeder Gruppe ein Tablet und ein Arbeitsblatt sowie die vorbereiteten Rollenkarten. Weisen Sie die Schüler*innen darauf hin, dass diese jedem Kind in der Gruppe eine Aufgabe zuweisen:

Look at your role card.
The tablet user holds the tablet and clicks.
The writer writes down on the worksheet what the object wants to say.

17. My things in action

Mit „ChatterPix Kids“ Objekte zum Leben erwecken

The speaker speaks. He/she looks at the worksheet and records the message.

Wenn Schüler*innen schon sehr souverän im Umgang mit Tablets in Partnerarbeit sind, kann auf diese Rollenkarten ggf. verzichtet werden.

Geben Sie eine Schritt-für-Schritt Anleitung, wie eine einfache „ChatterPix Kids“-Animation erstellt wird. Die Kinder verfolgen diese aktiv mit.

Choose a thing on your desk. The tablet user clicks the yellow box to take a photo. Click again to take the photo.
Talk about what you want the thing to say. The writer fills out the worksheet to present your object.
(auf die Fragen an der Tafel und das Arbeitsblatt verweisen)
Okay, let's stop here (for now).
Now, the tablet user draws a line. This is the mouth. The speaker looks at the worksheet and practices what he/she wants to say.
Record the message by clicking the red button.
Great. Click the green button and listen to your recordings.
Click the yellow „next“ button. Choose a filter. Choose a sticker. Choose a frame.
Click the yellow „next“ button again.
Click the green button. This is your video.
Save your video by clicking the blue button on the bottom right.

5. Arbeitsphase (15 Minuten)

Die Kinder erstellen nun selbst in ihren Gruppen „ChatterPix Kids“-Animationen mit Objekten im Klassenzimmer. Weisen Sie mithilfe der Rollenkarten darauf hin, dass, falls die Schüler*innen noch eine zweite Animation erstellen, diese die Rollen wechseln sollen.

Work together and create videos. If you make a second video, change roles.

6. Präsentation und Abschluss (5 Minuten)

Jede Gruppe wählt aus ihren Videos eines aus.

Choose one video and show it to us.

Sie zeigen das Video im Plenum. Die Produkte der Kinder werden angemessen gewürdigt (z. B. durch Applaus).

Weiterführende Ideen zu „ChatterPix Kids“

Wenn die App „ChatterPix Kids“ einmal eingeführt wurde, kann die Erstellung solcher Videos flexibel in Stunden zu unterschiedlichen Themen eingesetzt werden, die das monologische Sprechen üben. Dabei können dann Hinführung II und III ersetzt werden.

Ideen und Anregungen:

- ***special days*** **(holidays and festivals),** z. B. Abfotografieren einer Zeichnung oder eines typischen Gegenstandes („*This is how I celebrate Christmas …*“)
- ***pets/animals,*** z. B. *cuddly toys* der Kinder fotografieren und Tiere sich beschreiben lassen oder: „*Draw an animal/a monster and describe it.*“
- ***Storytelling*** (einzelne Figuren aus einem Bilderbuch stellen sich vor und berichten von sich)
- ***prepositions*** (z. B. Positionierungen von Spielfiguren beschreiben)
- ***clothes*** (Kleidungsstücke fotografieren und beschreiben)

Profiles

I am a:

❒ book ❒ pencil ❒ pencil case
❒ ruler ❒ rubber ❒ ……………………………………

My name is ……………………………………………………………………………

I live in ……………………………………………………………………………

I like ……………………………………………………………………………………

I don't like ……………………………………………………………………………

© Magnus Siemens

I am a:

❒ book ❒ pencil ❒ pencil case
❒ ruler ❒ rubber ❒ ……………………………………

My name is ……………………………………………………………………………

I live in ……………………………………………………………………………

I like ……………………………………………………………………………………

I don't like ……………………………………………………………………………

© Magnus Siemens

© Verlag an der Ruhr Autorinnen: Judith Bündgens-Kosten, Maria Sussex | www.verlagruhr.de

Role cards

Writer	Speaker	Tablet user
© Norbert Höveler	© Norbert Höveler	© Norbert Höveler
Writer	Speaker	Tablet user
© Norbert Höveler	© Norbert Höveler	© Norbert Höveler
Writer	Speaker	Tablet user
© Norbert Höveler	© Norbert Höveler	© Norbert Höveler
Writer	Speaker	Tablet user
© Norbert Höveler	© Norbert Höveler	© Norbert Höveler

© Verlag an der Ruhr | Autorinnen: Judith Bündgens-Kosten, Maria Sussex | www.verlagruhr.de

Portfolio it!

Mit Lesestiften die eigene Sprechkompetenz dokumentieren und reflektieren

Darum geht's

Die Kinder üben einen bereits bekannten Dialog und dokumentieren ihren Lernstand in ihrem Englisch-Portfolio via lesestiftunterstütztem Comic.
Dieser Stundenentwurf geht exemplarisch von einer Stunde zum Thema „Obst auf dem Markt einkaufen" aus, lässt sich aber auf praktisch jedes Thema, das sich für einen Dialog eignet, übertragen.

Die Kinder ...

- üben einen ihnen bekannten Dialog.
- zeichnen den Dialog mittels Lesestift mit Aufnahmefunktion auf.
- reflektieren über ihren Lernerfolg.

Materialliste

- Lesestifte mit Aufnahmefunktion, z. B. „Anybook Reader", „tiptoi create", „BOOKii" etc. (Die folgenden Instruktionen beziehen sich auf den Anybook Reader und müssen bei Verwendung anderer Lesestifte entsprechend angepasst werden.)
- Aufnahmeaufkleber (mind. 7 pro Kind) zum Lesestift
- ggf. die mitgelieferten Steuerungssticker (Aufkleber mit Aufnahmesymbolen etc., die genutzt werden können, um spezifische Gerätefunktionen komfortabel aufzurufen)
- Englisch-Portfolios (s. Tippkasten „Englisch-Portfolio", S. 93)
- Arbeitsblatt „My English portfolio: Speaking" (S. 94)
- ggf. Dialogkarten, falls zum Einüben eines Dialogs zuvor Dialogkarten benutzt wurden

Redemittel

rezeptiv	produktiv
• speech bubble	• Wortschatz Obst/Gemüse/Farben/Zahlen (abgestimmt auf das in der Klasse verwendete Lehrwerk) • Dialog „Obst auf dem Markt einkaufen" (abgestimmt auf das in der Klasse verwendete Lehrwerk)

Das bereiten Sie vor

- Kopieren Sie das Arbeitsblatt „My English portfolio: Speaking" für jedes Kind.
- Wählen Sie ein zum Unterrichtsthema passendes Foto (z. B. beim Thema *buying fruit* ein Bild vom Wochenmarkt).
- Schreiben Sie die Instruktionen für die Lesestiftbedienung an die Tafel oder bereiten Sie eine entsprechende Folie, z. B. in PowerPoint, vor.

Stundenverlauf

1. Einstieg (10 Minuten)

Begrüßen Sie die Klasse und erklären Sie das Ziel der Stunde.

Today, we are going to practice shopping dialogues. You will record a dialogue and put it in your portfolio.

Zeigen Sie ein Bild, z. B. einen Marktplatz, via Projektor, Bildschirm oder interaktives Whiteboard.
Wiederholen Sie bereits erlernten thematischen Wortschatz mit den Schüler*innen mit Leitfragen wie:

18. Portfolio it!

Mit Lesestiften die eigene Sprechkompetenz dokumentieren und reflektieren

What do you see?
What's this? What is it?
Who is it?
How many pineapples do you see?
What colour is it/are they?

Nach einigen Fragen können Sie, je nach Leistungsstand der Gruppe, auch die Schüler*innen selbst ermutigen, Fragen zu stellen, die dann Mitschüler*innen beantworten.

2. Arbeitsphase I (10–15 Minuten)

Kommen Sie auf das Dialogthema der heutigen Stunde zu sprechen.

Do you remember? When I want to buy fruit at the market, what do I say?

Wiederholen Sie einen bereits bekannten (bestenfalls in der Vorstunde eingeführten) Dialog mit den Kindern, indem Sie den Dialog, der evtl. an der Tafel festgehalten ist, mit einem Kind zusammen vorspielen, z. B.:

L: *Hello. Can I help you?*
S: *Hello, I'd like five oranges.*
L: *Here you are. Anything else?*
S: *No, thank you. How much is it?*
L: *It's 3 €.*
S.: *Here you are. Good bye.*
L: *Good bye.*

Im Anschluss üben die Schüler*innen mit einem Partnerkind den Dialog.
Sie können danach noch einzelne Paare den Dialog vorspielen lassen.
Wenn in der Vorstunde Dialogkarten verwendet wurden, sollten sie auch in dieser Stunde den Schüler*innen bei Bedarf zur Verfügung stehen.

3. Hinführung (5 Minuten)

Richten Sie die Aufmerksamkeit der Schüler*innen auf sich. Demonstrieren Sie die Funktion des Lesestifts mit Aufnahmefunktion. Sie können den Aufnahmeprozess entweder unter Verwendung von Steuerungsstickern oder ohne Steuerungssticker demonstrieren.

Prozess unter Verwendung von Steuerungsstickern:

Look! First, I switch on the Anybook reading pen. I press the button for three seconds. One. Two. Three. Now, I touch a sticker. I touch the recording sticker. Now it beeps four times.
One. Two. Three. Four.
„Hello. One pineapple, please."
I touch the stop sticker. I am done.
I press the power button for three seconds.
Now I can listen to the recording. I like it, so I put the sticker on a speech bubble.

Verweisen Sie dabei auf das Tafelbild oder die Folie, die anschließend als Gedächtnisstütze verbleiben:
Switch it on.
Touch the sticker.
Touch the recording sticker.
Speak.
Touch the stop sticker.

Prozess ohne die Verwendung von Steuerungsstickern:

Look! First, I switch on the Anybook reading pen. I press the button for three seconds. One. Two. Three. Now, I touch a sticker. I press the recording button and hold it. Now it beeps four times.
One. Two. Three. Four.
„Hello. One pineapple please."
Now, I let go of the recording button. I am done.
I press the power button for three seconds.
Now I can listen to the recording. I like it, so I put the sticker on a speech bubble.

18. Portfolio it!

Mit Lesestiften die eigene Sprechkompetenz dokumentieren und reflektieren

Tafelbild oder Folie (z. B. PowerPoint):
Switch it on.
Touch the sticker.
Press the recording button.
Speak.
Press the recording button.

Wenn die Schüler*innen schon einmal mit Lesestiften mit Aufnahmefunktion gearbeitet haben (z. B. Stundenentwurf 19 „At the zoo", S. 95), kann diese Anleitung verkürzt werden.

4. Arbeitsphase II (10 Minuten)

Verteilen Sie die Arbeitsblätter und die Lesestifte und eine ausreichende Menge Lesestiftaufkleber an die Kinder. Wenn die Kinder keinen eigenen Lesestift besitzen, ist es sinnvoll, die Lesestifte zu nummerieren und die Kinder die Nummer „ihres" Lesestifts auf ihrem Arbeitsblatt notieren zu lassen. Dies macht beim Abspielen der Audioaufnahmen die Zuordnung Aufkleber – Lesestift einfacher.

Now, you record your own shopping dialogue.
Use one sticker for every speech bubble.

Ermutigen Sie die Schüler*innen, stimmlich zwischen den Rollen Verkäufer*in und Käufer*in zu modellieren:

You may want to change your voice so that we know who is the customer and who is the salesperson.

5. Präsentation und Reflexion (10 Minuten)

Lenken Sie die Aufmerksamkeit wieder auf sich.

Now, listen to your recordings in pairs.
Show your work to a partner and listen together.
Let your partner show you his or her recordings.

Weisen Sie die Kinder auf die Aufgaben auf dem Arbeitsblatt hin.

Look at the questions at the bottom of the page.
Answer the two questions.

Anschließend ermutigen Sie die Kinder, ihr Arbeitsergebnis in ihrem Englisch-Portfolio abzuheften.

Englisch-Portfolio

Die Arbeit am Englisch-Portfolio lebt von Kontinuität. Im Idealfall haben Schüler*innen mehrmals im Schuljahr die Möglichkeit, solche und ähnliche gesprochenen Arbeitsproben dem Portfolio beizulegen. Schaffen Sie auch Gelegenheiten, ältere Arbeiten anzuhören und den eigenen Fortschritt zu reflektieren.
Schüler*innen, die mit diesem Format schon vertraut sind, können ggf. eigene kleine Comics zu vorgegebenen Dialogen gestalten. Wenn Sie Schüler*innen auch rezeptiv Comics mit Lesestiftunterstützung erleben lassen wollen, können Sie dazu die Lesestift-Ausgabe von „Englisch-Stars Comics" für Klasse 3 und 4 nutzen. Die aktuelle Auflage ist „BOOKii"-kompatibel. Weitere Ideen für die Arbeit mit dem „BOOKii"-Lesestift finden Sie in der Stunde „What's ‚Eule' in English?" (S. 44).

Für Schüler*innen mit dem Sonderförderbereich Soziale und Emotionale Entwicklung ist die Arbeit mit dem Portfolio oft besonders anspruchsvoll.
Gute Tipps, um diese Schüler*innen dabei zu unterstützen, finden Sie in:
Leidig, T./Marnett, P. (2015). *Selbsteinschätzung im inklusiven Englischunterricht unter besonderer Berücksichtigung des Förderschwerpunktes Emotionale und soziale Entwicklung.* In C. M. Bongartz/A. Rohde (Hrsg.), *Inklusion im Englischunterricht* (S. 263–282). Frankfurt: Peter Lang.
Der Artikel ist auch online verfügbar.

My English portfolio: Speaking

Topic: .... Date: ....

© Bettina Weyland

© Bettina Weyland

Sprich mit einem anderen Kind über deine Aufnahme.

Das ist mir schon gut gelungen: ....

....

Das möchte ich noch üben: ....

....

© Verlag an der Ruhr | Autorinnen: Judith Bündgens-Kosten, Maria Sussex | www.verlagruhr.de

At the zoo

Mit Lesestiften eine sprechende Zookarte erstellen

Darum geht's

Die Kinder gestalten eine interaktive Zookarte mithilfe eines Anybook Readers (Lesestift mit Aufnahmefunktion).

Die Kinder ...

- wiederholen bekannten Wortschatz aus dem Bereich „Zootiere".
- nutzen die individuell vorhandenen fremdsprachlichen Ressourcen, um eine interaktive (sprechende) Zookarte zu erstellen.

Materialliste

- Anybook Reader (einer für 2 Schüler*innen) und Anybook-Aufkleber (ca. 5 pro Anybook Reader)
- Achtung: Sollen die Aufnahmen später auf einem einzigen Anybook Reader zusammengeführt werden, so sollte jedes Paar unterschiedlich nummerierte Aufnahmeaufkleber nutzen (s. Tippkasten „Reading Pens", S. 98).
- ggf. die mit dem Anybook Reader mitgelieferten Steuerungssticker (Aufkleber mit Aufnahmesymbolen etc., die genutzt werden können, um spezifische Gerätefunktionen komfortabel aufzurufen)
- eine Zookarte (real oder fiktiv) pro Schülerpaar
- Arbeitsblatt „Our zoo map" (S. 99)
- Rollenkarten (S. 100)
- einige Schülerlexika, Tierlexika o. Ä. zur freien Nutzung im Klassenzimmer

Hinweis

Wenn nur ein oder zwei Anybook Reader vorhanden sind, kann im Verlauf der Stunde gemeinsam eine Karte besprochen werden.
Hierbei wäre es sinnvoll, wenn die Schüler*innen erst in Gruppen- oder 2er-Arbeit ihre Texte üben (z. B. eine Gruppe: *elephants and crocodiles*, eine zweite Gruppe *penguins and hippos* etc.), und dann der Reihe nach ihre Texte aufsprechen.
Damit es hier nicht zu viel Leerlauf kommt, wäre ein Aufbau als Stationenlernen, bei dem dann auch der Tierwortschatz geübt werden kann, sinnvoll.
Mit kleinen Anpassungen kann diese Stunde darüber hinaus auch mit anderen Lesestiften genutzt werden.

Redemittel

rezeptiv	produktiv
• Where are the elephants/hippos/ goats/monkeys/...? • Switch it on. • Touch the sticker. • Touch the recording sticker. • Speak. • Touch the stop sticker.	• Here are the elephants/ hippos/... • Tiernamen (lion, elephant etc.) • Where are the ... • Here are the ... • They are ... • They eat ...

Das bereiten Sie vor

- Schneiden Sie die Rollenkarten aus. Sie benötigen ein Set für jedes Paar.
- Kopieren Sie das Arbeitsblatt „Our zoo map" einmal für jedes Paar.
- Machen Sie sich selbst mit der Benutzung der Aufnahme- und Abspielfunktion des Anybook Readers vertraut.
- Befestigen Sie eine Zookarte an der Tafel (oder projizieren Sie sie via Beamer/interaktives Whiteboard).
- Schreiben Sie die Instruktionen (s. Tafelbildhinweis unten) an die Tafel oder bereiten Sie eine entsprechende Folie, z. B. mit PowerPoint, vor.

19. At the zoo

Mit Lesestiften eine sprechende Zookarte erstellen

Stundenverlauf

1. Einstieg (5–10 Minuten)

Versammeln Sie die Kinder im Kinositz um die Tafel.

Come to the front, please.

Informieren Sie die Schüler*innen über den Ablauf und das Lernziel der Stunde.

Today, you will talk about zoo animals. You will use a reading pen and create an interactive map of the zoo.

Nutzen Sie eine Zookarte, die Sie an der Tafel oder Wand anbringen, um den Zootier-Wortschatz zu wiederholen.

Where are the elephants/hippos/goats/monkeys/…?

Lassen Sie jeweils ein Kind nach vorn kommen und darauf zeigen:

S: *Here are the elephants/hippos/goats/monkeys/…!*

Besonders wichtige bzw. anspruchsvolle Ausdrücke werden unter Zuhilfenahme von Mimik und Gestik geübt und gemeinsam gesprochen.

L: *Here are the elephants. Now, everybody!*
S: *Here are the elephants.*

Auf Wunsch können Sie auch zusätzliche Fragen stellen, z. B. *What colour are they?* oder *What do they eat?*, je nach bereits erarbeitetem Wortschatz und Leistungsstand.

2. Hinführung (10 Minuten)

Falls die Schüler*innen noch nicht mit dem Anybook Reader gearbeitet haben, demonstrieren Sie dessen Funktion, indem Sie einen Aufkleber besprechen, ihn auf die Karte kleben und dann diesen Aufkleber abhören (s. Beschreibung des Ablaufs weiter unten):

Here are the elephants. They are very big.

Danach demonstrieren Sie ein zweites Mal, langsam, den genauen Prozess.
Sie können den Aufnahmeprozess entweder unter Verwendung von Steuerungsstickern oder ohne Steuerungssticker demonstrieren.

Prozess unter Verwendung von Steuerungsstickern:

Look! First, I switch on the Anybook reading pen. I press the button for three seconds. One. Two. Three. Now, I touch a sticker. I touch the recording sticker. Now it beeps four times. One. Two. Three. Four. „Here are the elephants. They are grey and very big." I touch the stop sticker. I am done. I press the power button for three seconds. Now I can listen to the recording. I like it, so I put the sticker on the poster.

Verweisen Sie dabei auf das Tafelbild oder die Folie, die anschließend als Gedächtnisstütze verbleiben:
Switch it on.
Touch the sticker.
Touch the recording sticker.
Speak.
Touch the stop sticker.

Prozess ohne die Verwendung von Steuerungsstickern:

Look! First, I switch on the Anybook reading pen. I press the button for three seconds. One. Two. Three. Now, I touch a sticker. I press the recoding button and hold it. Now it beeps four times. One. Two. Three. Four.

19. At the zoo

Mit Lesestiften eine sprechende Zookarte erstellen

„Here are the elephants. They are grey and very big." Now, I let go of the recording button. I am done. I press the power button for three seconds. Now I can listen to the recording. I like it, so I put the sticker on the poster.

Tafelbild oder Folie (z. B. PowerPoint):
Switch it on.
Touch the sticker.
Press the recording button and hold it (four beeps).
Speak.
Let go of the recording button.

Anschließend können Sie bei Bedarf das Ganze auch noch einmal von einem Kind auf Deutsch wiederholen lassen.

Ist die Funktionsweise des *Reading Pens* bereits bekannt (z. B. Stundenentwurf 18, „Portfolio it!", S. 91), kann diese Phase übersprungen und entsprechend die nächste Phase verlängert werden.

3. Arbeitsphase (20 Minuten)

Teilen Sie die Schüler*innen paarweise auf und verteilen Sie die Arbeitsblätter (eines pro Paar, die Arbeitsblätter sind wiederverwendbar).
Verteilen Sie ebenfalls die schon vorbereiteten Rollenkarten und geben Sie jeweils dem Kind mit der „Helper"-Karte den Anybook Reader mit Aufklebern und dem mit der „Reader"-Karte die Zookarte.

Look at your role card. The speaker speaks about the animals. The worksheet can help you.
The helper listens to the speaker and gives feedback.
Does the speaker speak in full sentences? Just „elephants" is not so great. „Here are the elephants" is better!
Does the speaker speak fluently? „Here. Are. The. Elephants" is not so good. „Here are the elephants" is better!
Are all the words well pronounced? Or are there errors? Listen carefully.
Then, the helper takes the Anybook Reader and helps the speaker with the recording.
When you are done, listen to your recording. If you do not like the recording, you can try again.
If you like the recording, put the sticker on the map.
Then, switch roles, and begin again with another animal.

Falls Schüler*innen in ihren mündlichen Beiträgen weitere Informationen zu Tieren aufnehmen möchten, weisen Sie auf im Klassenzimmer verfügbare Nachschlagressourcen hin, z. B. Schülerlexika oder Tierlexika (s. auch Tippkasten unten, „Recherche im Internet").

You have 15 minutes to make your recordings. Try to make four or five recordings.

Versichern Sie sich, z. B. durch Wiederholdung der Anweisung durch eines der Kinder, dass die Aufgabenstellung verstanden wurde.

Recherche im Internet

Soll bewusst mehr Fokus auf die Recherche – z. B. auch im Internet – gelegt werden, bietet es sich an, das Projekt auf zwei Unterrichtsstunden zu verteilen, sodass z. B. auch auf Rechercheregeln und -strategien eingegangen werden kann.

Folgende kindgerechte Suchmaschinen sollten von Kindern bevorzugt für ihre Recherchen genutzt werden:
www.fragfinn.de
www.blinde-kuh.de
www.helles-koepfchen.de

›››

19. At the zoo

Mit Lesestiften eine sprechende Zookarte erstellen

Differenzierungsmöglichkeiten für leistungsstärkere Schüler*innen bieten englischsprachige Kindersuchmaschinen, wie: www.kidzsearch.com/

Das Klexikon ist ein Lexikon für Kinder: https://klexikon.zum.de

Hurraki ist ein Lexikon in einfacher Sprache (nicht nur für Kinder): https://hurraki.de/

4. Phase: Präsentation (5–10 Minuten)

Je nach vorhandener Zeit können einige Paare exemplarisch ein bis zwei ihrer Aufnahmen vorstellen: Die Kinder kommen mit ihrer Karte und dem Anybook Reader nach vorn. Ein Kind fragt nun: „Where are the …?". Das andere Kind antwortet mithilfe des Lesestifts, indem es die passende Antwort aufruft und abspielt.

Die Kinder der Klasse können dem vortragenden Team kriteriengeleitet mithilfe der Daumenprobe ein schnelles Feedback zur Aufnahme geben.

→ Daumen hoch: *very good*
→ Daumen seitlich: *so-so, room for improvement*
→ Daumen runter: *not good*

Is this true? For example, „The elephants are pink", is not true. „The elephants are very big" is true.
Does the speaker speak in full sentences?
Does the speaker speak fluently?
Are all the words well pronounced?

In der Folgestunde können ggf. weitere Paare Auszüge ihrer Arbeit präsentieren.

Reading Pens

Die Einführung in die Benutzung von *Reading Pens* ist relativ aufwändig, aber sobald die Schüler*innen das Prinzip verstanden haben, kann der Lesestift mit Aufnahmefunktion relativ einfach und ohne großen Zeitaufwand für Audioaufnahmen genutzt werden.

Dieser Aufgabentyp lässt sich dann auf viele Themengebiete übertragen, z. B. auf „Zimmer im Haus" (Querschnitt durch ein Haus/Zimmerplan einer Wohnung), „Möbel" (Foto eines Zimmers), „Unsere Stadt" (Stadtplan) etc. Je nach Leistungsstand können die Schüler*innen einzelne Wörter, vollständige Sätze oder kurze Texte aufsprechen.

Es liegt nahe, ein oder zwei besonders gelungene Arbeitsergebnisse anschließend im Klassenzimmer, z. B. in der *English Corner* auszustellen. Wichtig ist hierbei, dass normalerweise nur der Anybook Reader, mit dem eine Aufnahme gemacht wurde, diese Aufnahme auch wieder abspielen kann. Der jeweilig passende Anybook Reader muss also zur entsprechenden Karte gelegt werden.
Einige Lesestifte – darunter der Anybook Reader – erlauben es auch, über eine spezielle Software die Aufnahmen verschiedener Stifte zusammenzuführen. Hierzu ist es aber notwendig, dass unterschiedliche Aufnahmesticker (Nummerierung beachten!) genutzt werden, sodass jeder Aufnahme ein Sticker zugeordnet werden kann. Wenn Sie über die entsprechende (mitgelieferte) Software die Aufnahmen zusammenführen, ist es möglich, mehrere Poster mit demselben Lesestift auszulesen.

Für einige *Reading Pens* gibt es auch interaktive Bücher fertig zu kaufen (s. z. B. Stunde 9, „What's ‚Eule' in English?", S. 44)

Our zoo map

Here are the …	elephants.	They are …	big/very big.	They eat …	meat.
	crocodiles.		small/very small.		grass.
	penguins.		grey/green/ brown/blue/ white/red/ pink.		fish.
	hippos.		funny.		…
	parrots.		boring.		
	monkeys.		dangerous.		
	lions.		smelly.		
	…		…		

© Norbert Höveler

© Norbert Höveler

© Verlag an der Ruhr | Autorinnen: Judith Bündgens-Kosten, Maria Sussex | www.verlagruhr.de

speaker and helper

speaker © Bettina Weyland	helper © Anja Boretzki
speaker © Bettina Weyland	helper © Anja Boretzki
speaker © Bettina Weyland	helper © Anja Boretzki
speaker © Bettina Weyland	helper © Anja Boretzki
speaker © Bettina Weyland	helper © Anja Boretzki
speaker © Bettina Weyland	helper © Anja Boretzki
speaker © Bettina Weyland	helper © Anja Boretzki

© Verlag an der Ruhr | Autorinnen: Judith Bündgens-Kosten, Maria Sussex | www.verlagruhr.de

What's the weather like?

Erste Erfahrungen mit dem Greenscreen sammeln

Darum geht's

Die Kinder lernen die Greenscreen-Technologie kennen, und nutzen sie, mit Unterstützung durch die Lehrkraft, für die Erstellung eigener Wetterberichte.

Die Kinder …

- schauen einen Film zu einem Wetterbericht und entnehmen modellhaft wesentliche Gestaltungsmerkmale.
- sammeln erste Erfahrungen mit Greenscreen-Technologie.
- üben den Wetter-Wortschatz im Kontext.
- erstellen und sprechen einen Wetterbericht.

Materialliste

- Arbeitsblatt „Our weather report" (S. 105)
- Arbeitsblatt „Listening to the weather report" (S. 106)
- mindestens ein Greenscreen (s. Tippkasten „Greenscreens im Klassenzimmer", S. 102)
- mindestens ein Tablet mit Greenscreen-tauglicher Software
- einige passende Hintergrundbilder (in Abhängigkeit von den gewählten Orten und/oder dem gewählten Wetterwortschatz), gespeichert auf dem Tablet mit Greenscreen-Software
- ggf. Requisiten (z. B. Jackett) für die Vorstellung
- falls vorhanden: tabletkompatible Präsentationsmöglichkeit (z. B. Beamer, großer Bildschirm, interaktives Whiteboard, Dokumentenkamera)

Redemittel

rezeptiv	produktiv
• Good morning/day/ afternoon. This is the weather report. • It is (sunny/hot/ cold/windy/cloudy/ rainy/snowy in … • Have a nice day/ good bye!	• Good morning/day/ afternoon. This is the weather report. • It is (sunny/hot/ cold/windy/cloudy/ rainy/snowy in … • Have a nice day/ good bye!

Das bereiten Sie vor

- Wählen Sie ein passendes *weather report*-Video (real oder fiktiv) für den Einstieg aus und stellen Sie sicher, dass es von Schulgeräten aus abgerufen werden kann (s. Tippkasten „Videos zum Thema ‚Wetterbericht'", S. 102/103 für Ideen und Vorschläge).
- Stellen Sie sicher (z. B. in der Vorstunde), dass die Kinder grundlegenden Wetter-Wortschatz beherrschen (z. B. *It's sunny/hot/cold/windy/cloudy/rainy/snowy, weather, weather report*). Stimmen Sie dabei den Zielwortschatz mit dem von Ihnen genutzten Lehrwerk und dem gewählten Video ab.
- Bereiten Sie einen Greenscreen-Bereich im Klassenzimmer oder der Schule vor (s. Tippkasten „Greenscreens im Klassenzimmer", S. 102).
- Installieren Sie Greenscreen-Software auf dem Lehrkraft-Tablet und machen Sie sich mit ihrer Funktionsweise vertraut.
- Kopieren Sie das Arbeitsblatt „Our weather report" im halben Klassensatz und schneiden Sie es in der Mitte durch.
- Kopieren Sie das Arbeitsblatt „Listening to the weather report" für jedes Kind.

20. What's the weather like?

Erste Erfahrungen mit dem Greenscreen sammeln

Greenscreens im Klassenzimmer

Zur Arbeit mit dem Greenscreen gehört einerseits ein einfarbiger, i. d. R. grüner, Hintergrund und andererseits eine spezielle Greenscreen-fähige Software, die den grünen Hintergrund durch das gewünschte Bild ersetzt.

Es gibt viele Optionen, einen Greenscreen ins Klassenzimmer zu bringen. Aufrollbare Greenscreen-Leinwände zum Aufhängen (etwa an einem Kartenhalter) sind die offensichtlichste Option, aber auch grüner, unifarbener Stoff, der z. B. über die Tafel gehängt wird, eignet sich. Wenn viel mit Greenscreens gearbeitet wird, lohnt es eventuell, eine Wand im Schulgebäude grün zu streichen.

Wenn der Wetterbericht mithilfe von Stabpuppen oder Spielfiguren gespielt wird, eignet sich auch ein Tablet, das einen grünen Hintergrund zeigt, oder ein Stück grüner Karton als mobiler Mini-Greenscreen.

Es gibt verschiedene Anbieter für Greenscreen-taugliche Software. Es lohnt sich, als Erstes zu überprüfen, ob die genutzte Filmbearbeitungssoftware Greenscreen-Technologie bereits unterstützt (z. B. „iMovie"). Ansonsten bietet sich spezialisierte Software (z. B. „Do Ink" für iOS, „Chromavid" für Android – bei „Chromavid" sind Aufnahmen bis zu 60 Sekunden auch mit der kostenfreien Version möglich) an.
Viele spezielle Greenscreen-Tools sind kostenpflichtig, teilweise mit Abo-Strukturen. Daher lohnt sich ein Preisvergleich.
Diese Stunde ist so gestaltet worden, dass nur ein einziges Gerät mit entsprechender Software benötigt wird.

Stundenverlauf

1. Einstieg und Hinführung (10 Minuten)

Lenken Sie die Aufmerksamkeit der Klasse auf das Wetter des Tages und das Stundenziel:

L: *What's the weather like today?*
S: *It is sunny and windy.*

Today, we are going to be weather reporters.
We will create a weather report.
Let's watch a weather report together.

Die Klasse schaut gemeinsam (z. B. via Beamer oder auf dem interaktiven Whiteboard) ein- bis 2-mal den gewählten *weather report* an (s. Tippkasten unten, „Videos zum Thema ‚Wetterbericht'"). Wird der Wetterbericht mehr als einmal geschaut, können, je nach Video, beim zweiten Durchgang schon einzelne Wörter oder häufig vorkommende Phrasen mitgesprochen werden.

Videos zum Thema „Wetterbericht"

Im Internet lassen sich einige kindgerecht aufbereitete, englischsprachige Videos zum Thema „Wetterbericht" finden.

So bietet z. B. der englische Youtube-Kanal der „Sesamstraße" einen Wetterbericht mit Grobi (Grover) an, der inhaltlich und sprachlich auf Kinder zugeschnitten ist, fremdsprachlich allerdings durchaus komplex.
Weitere Videos zu dem Thema sind z. B.:

„Europe weather" – www.bbc.com/weather/2950159?day=1
Die BBC-Wettervorhersage für Europa; sprachlich und inhaltlich sehr anspruchsvoll

›››

20. What's the weather like?

Erste Erfahrungen mit dem Greenscreen sammeln

„Presenting a weather forecast" – www.bbc.co.uk/schoolreport/25430933
Das Video ist gut geeignet, einen echten „Wetterfrosch" bei der Arbeit mit dem Greenscreen zu beobachten. Die Sprache ist für Grundschüler*innen wohl kaum verständlich, aber das Video kann ggf. auch ohne Ton in Auszügen genutzt werden, um die Technologie „Greenscreen" in Aktion zu zeigen.

Je nach den Einstellungen der schulischen IT kann es sein, dass Sie z. B. Webseiten oder Programme, die Sie zu Hause nutzen, nicht ohne Weiteres auf Schulgeräten aufrufen/ausführen können. Daher ist es empfehlenswert, die gewählten Seiten/Programme im Vorfeld kurz auf Schulgeräten zu testen.

2. Arbeitsphase (10 Minuten)

Teilen Sie die Kinder in Gruppen zu drie bis fünf Personen ein. Die Größe der Gruppen ist von der Größe des vorhandenen Greenscreens abhängig. Alle Kinder einer Gruppe sollten gemeinsam vor dem Greenscreen sitzen können. Verteilen Sie nun das Arbeitsblatt „Our weather report" und fordern Sie die Gruppen auf, sich auf ein Wetter in den verschiedenen Orten zu einigen, den Wetterbericht mithilfe des Arbeitsblatts zu verschriftlichen und das Sprechen des Wetterberichts gemeinsam zu üben.

Look at the worksheet. Discuss and decide in your groups what the weather is like in … (location 1–5). Fill out the worksheet. Then, practise speaking and tell the weather report in your groups.

Die Kinder üben anhand des Arbeitsblatts ihren Wetterbericht.

Wenn schon Ländernamen bekannt sind, kann die Wettervorhersage nach dem Schema *It is cloudy/sunny/rainy in Germany/Iran/Italy/…* ablaufen. Sind Ländernamen noch nicht bekannt oder soll die Komplexität niedriger gehalten werden, können stattdessen Stadtteile, Städte oder Dörfer aus der Region genommen werden: *It is cloudy/sunny/rainy in Frankfurt/Offenbach/…*

Bitten Sie die Schüler*innen kurz vor Ende der Arbeitsphase, das Sprechen des Wetterberichts für einen bestimmten Ort für die nachfolgende Aufnahme noch einmal besonders intensiv zu üben.

Each of you will tell the weather for one country/city/village/part of town. Prepare your presentation.

3. Aufnahme und Präsentation (15 Minuten)

Einige Greenscreen-Software sehen vor, dass vor der Aufnahme das Bild, das den grünen Hintergrund ersetzen soll, ausgewählt wird, bei anderen Software-Paketen wird diese Entscheidung erst bei der *post-production* gewählt. Dennoch kann es praktisch sein, wenn Sie zu Beginn dieser Arbeitsphase kurz die vorhandenen Fotos vorstellen und die Gruppen bitten, jeweils ein Foto zu wählen.

Nacheinander führen die Gruppen ihren *weather report* (ggf. mit Requisiten) vor. Sie filmen sie dabei vor dem Greenscreen.

Während eine Gruppe vorträgt, hören die anderen Kinder zu und entnehmen Anregungen für ihre eigene Präsentation.

Je nach Größe/Anzahl der Gruppen sollte die Aufnahme ggf. auf zwei Unterrichtsstunden verteilt werden, um die Aufmerksamkeitsspanne der zuhörenden Kinder zu erhalten.

20. What's the weather like?

Erste Erfahrungen mit dem Greenscreen sammeln

Selbstständige Verwendung von Greenscreen-Software

Im Idealfall werden Schüler*innen mittelfristig zur selbstständigen Benutzung von Greenscreen-Software hingeführt. Sie können dann bewusst auch Gestaltungsmerkmale, wie die Wahl des Hintergrundbildes etc., aktiv einüben.
Ein Zwischenschritt kann sein, einige Kinder als Multiplikator*innen zu schulen, die dann bei späteren Gruppenarbeiten den Mitschüler*innen die wichtigsten Schritte zeigen können.

4. Präsentation und Ergebnissicherung (7 Minuten)

Verteilen Sie das Arbeitsblatt „Listening to the weather report" an die Schüler*innen. Die Kinder schauen in Abhängigkeit von der verbleibenden Zeit die Greenscreen-Videos. Dazu verbinden Sie das Lehrertablet mit einer Projektions-/Darstellungsfläche (s. Tippkasten „Arbeitsergebnisse zeigen: Tablet mit Beamer oder Monitor verbinden", S. 37).
Während es zuhört, füllt jedes Kind das Arbeitsblatt aus.

Watch the weather report and fill out the worksheet.

Im Anschluss werden die Notizen im Plenum verglichen.

What's the weather like in …?

Wenn eine Software genutzt wird, die eine aufwändigere *post-production* benötigt, wird diese Phase ggf. auf die Folgestunde verschoben.

5. Reflexion (3 Minuten)

Zum Abschluss der Sitzung thematisieren Sie – ggf. auf Deutsch – noch einmal die Greenscreen-Software und die mit ihr erreichten Effekte (z. B. dass es aussieht, als wäre man zum Aufnahmezeitpunkt an einem anderen Ort als dem Klassenzimmer gewesen).
Das Video „Presenting a weather forecast" kann dabei einen Blick auf die Arbeit eines echten „Wetterfroschs" geben.

Weiterführende Ideen zu Greenscreens

Greenscreens bieten vielfältige gestalterische Möglichkeiten. Kinder können, „in" ihrem Lieblingsbuch stehend, eine Geschichte nacherzählen. Sie können „vor" dem Buckingham Palace stehen und erklären, dass hier die Queen lebt. Sie können als Winzlinge mitten „in" einem Obstkorb stehen und über ihr Lieblingsobst reden. Sie können „in" einem selbst gebauten Diorama ihres Traumzimmers stehen und die Namen der Möbel nennen. Viele Beispiele aus der Praxis zeigt der Twitteraccount des Greenscreen-Anbieters Do Ink. Die dort gezeigten Beispiele lassen sich auch mit anderen Softwareoptionen umsetzen.
Die Arbeit mit dem Greenscreen kann ein guter Baustein in einem überfachlichen Projekt zu Massenmedien/Film und Fernsehen/Fake News darstellen.
Schüler*innen erleben bei der Arbeit mit dem Greenscreen hautnah, dass der fertige Wetterbericht anders aussieht als die Aufnahmesituation. Sie können über die Potenziale zur Täuschung, aber auch über die interessanten gestalterischen Möglichkeiten solcher Techniken sprechen.
Weitere Anregungen zum Erfahrbarmachen von „Filmtricks" finden sich z. B. in der Meko Kita Service-Broschüre „Anregungen und Materialien zur frühkindlichen Medienbildung in Kita und Grundschule", die Sie online kostenfrei herunterladen können.

Our weather report

sunny, hot, cold, windy, cloudy, rainy, snowy

Good morning/day/afternoon. This is the weather report.

It’ s .... in ....

It’ s .... in ....

It’ s .... in ....

It’ s .... in ....

It’ s .... in ....

Have a nice day!/Good bye!

© Norbert Höveler

© Verlag an der Ruhr | Autorinnen: Judith Bündgens-Kosten, Maria Sussex | www.verlagruhr.de

Arbeitsblatt

Our weather report

sunny, hot, cold, windy, cloudy, rainy, snowy

Good morning/day/afternoon. This is the weather report.

It’ s .... in ....

It’ s .... in ....

It’ s .... in ....

It’ s .... in ....

It’ s .... in ....

Have a nice day!/Good bye!

© Norbert Höveler

© Verlag an der Ruhr | Autorinnen: Judith Bündgens-Kosten, Maria Sussex | www.verlagruhr.de

Listening to the weather report

Where?	What's the weather like?
	❐ sunny ❐ hot ❐ cold ❐ windy ❐ cloudy ❐ rainy ❐ snowy
	❐ sunny ❐ hot ❐ cold ❐ windy ❐ cloudy ❐ rainy ❐ snowy
	❐ sunny ❐ hot ❐ cold ❐ windy ❐ cloudy ❐ rainy ❐ snowy
	❐ sunny ❐ hot ❐ cold ❐ windy ❐ cloudy ❐ rainy ❐ snowy
	❐ sunny ❐ hot ❐ cold ❐ windy ❐ cloudy ❐ rainy ❐ snowy
	❐ sunny ❐ hot ❐ cold ❐ windy ❐ cloudy ❐ rainy ❐ snowy
	❐ sunny ❐ hot ❐ cold ❐ windy ❐ cloudy ❐ rainy ❐ snowy
	❐ sunny ❐ hot ❐ cold ❐ windy ❐ cloudy ❐ rainy ❐ snowy

© Verlag an der Ruhr | Autorinnen: Judith Bündgens-Kosten, Maria Sussex | www.verlagruhr.de

Farbige Bildkarten

media nouns

zu Stunde 1. Let's talk about media

© Rashevskyi Viacheslav – Shutterstock.com

© Scott Rothstein – Shutterstock.com

© Oleksandr_Delyk – Shutterstock.com

© AlexandrBognat – Shutterstock.com

© Stefan Glebowski – Shutterstock.com

© Prostock-studio – Shutterstock.com

© jocic – Shutterstock.com

© MR Gao – Shutterstock.com

© tdoes – Shutterstock.com

© James Steidl – Shutterstock.com

© IfH – Shutterstock.com

© Supertrooper – Shutterstock.com

© Dimedrol68 – Shutterstock.com

© cobalt88 – Shutterstock.com

© IhorL – Shutterstock.com

food and cooking (1/2)

zu Stunde 4. Feed the monster!

© Elke Dennis – stock.adobe.com
© AK-DigiArt – stock.adobe.com
© PhotoEd_XL – stock.adobe.com
© Xavier – stock.adobe.com
© ExQuisine – stock.adobe.com
© M.studio – stock.adobe.com
© photocrew – stock.adobe.com
© Patitta – Shutterstock.com

food and cooking (2/2)

zu Stunde 4. Feed the monster!

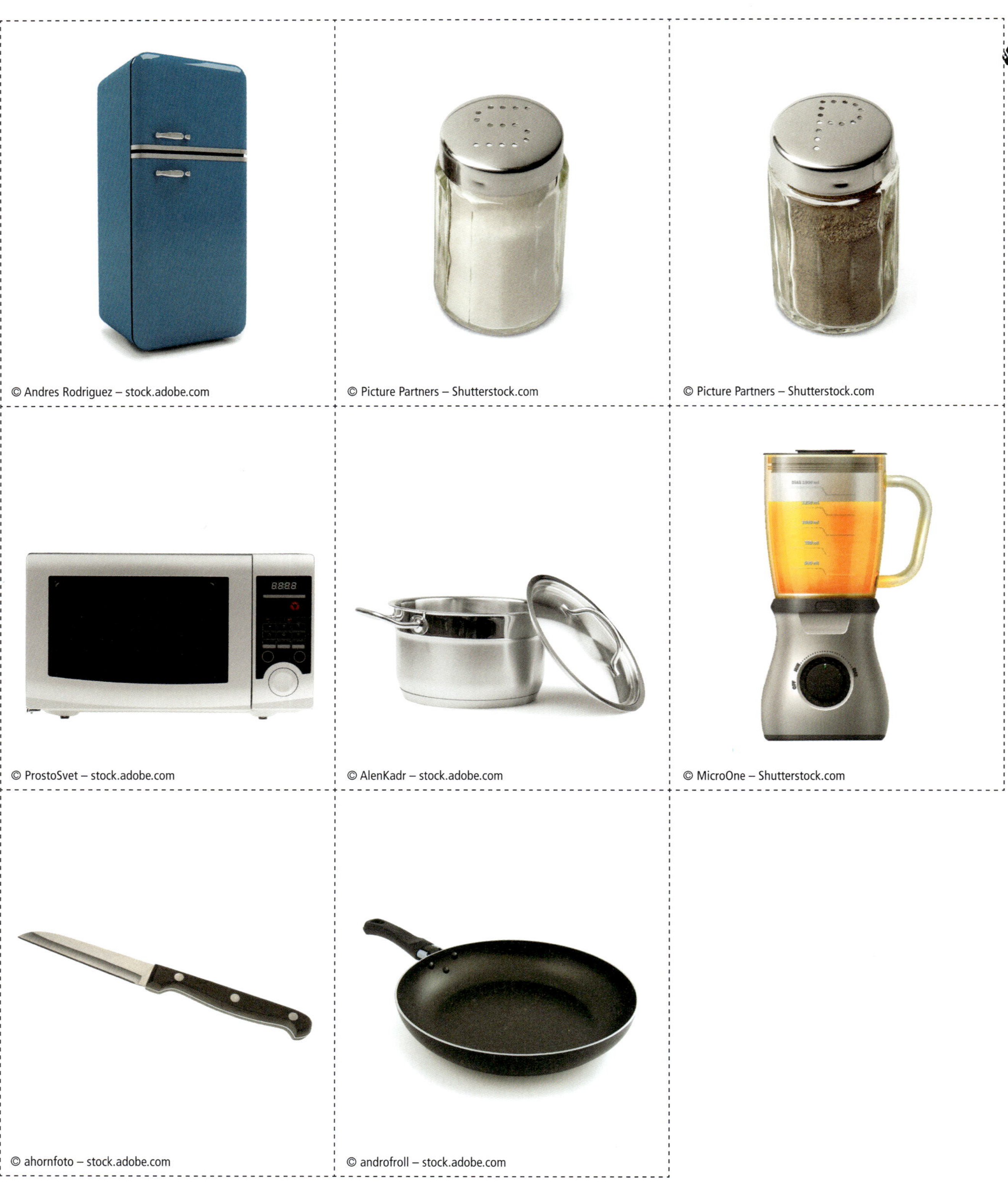

© Andres Rodriguez – stock.adobe.com
© Picture Partners – Shutterstock.com
© Picture Partners – Shutterstock.com
© ProstoSvet – stock.adobe.com
© AlenKadr – stock.adobe.com
© MicroOne – Shutterstock.com
© ahornfoto – stock.adobe.com
© androfroll – stock.adobe.com

things at school

zu Stunde 10. Change of perspective

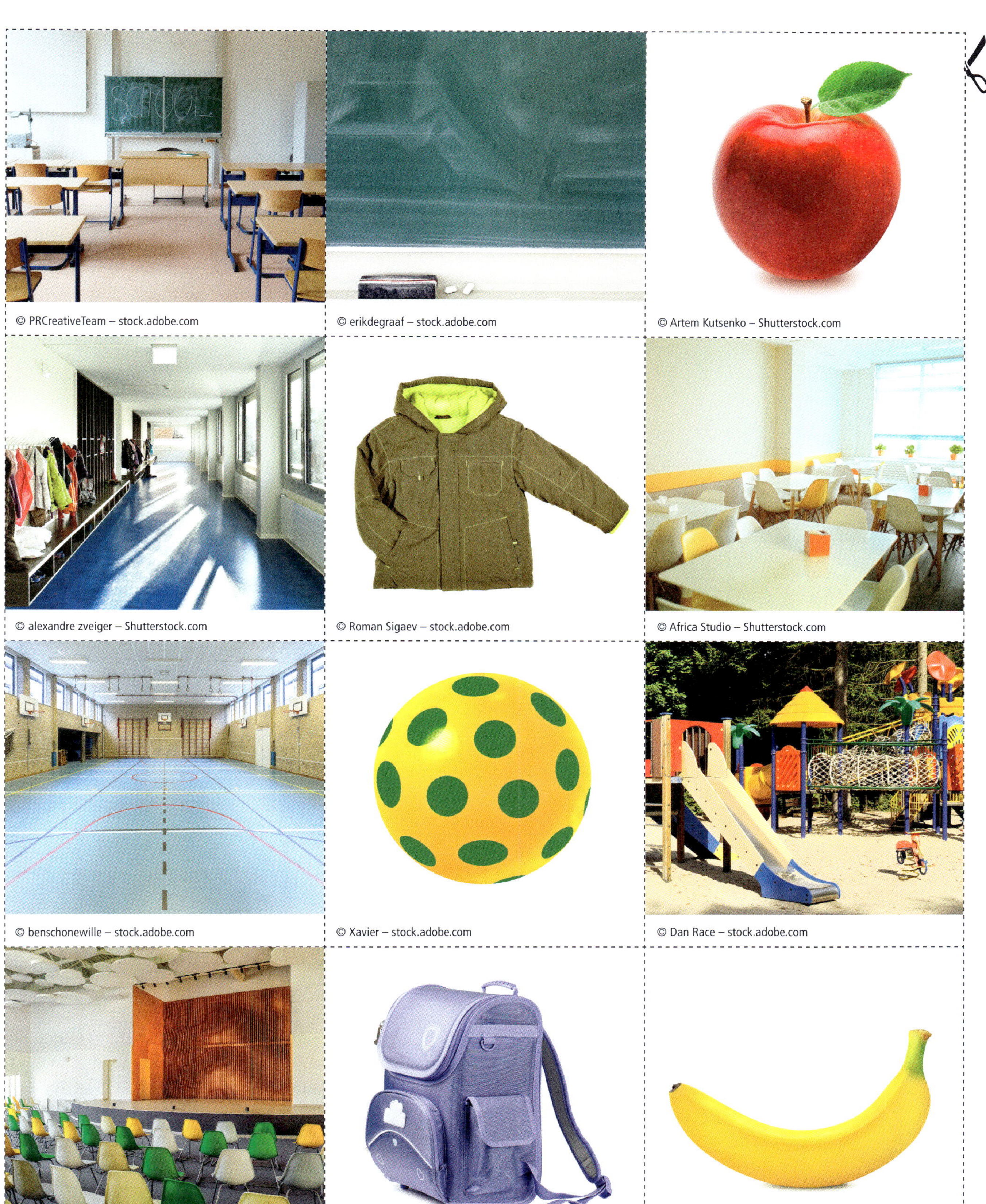

© PRCreativeTeam – stock.adobe.com

© erikdegraaf – stock.adobe.com

© Artem Kutsenko – Shutterstock.com

© alexandre zveiger – Shutterstock.com

© Roman Sigaev – stock.adobe.com

© Africa Studio – Shutterstock.com

© benschonewille – stock.adobe.com

© Xavier – stock.adobe.com

© Dan Race – stock.adobe.com

© N-sky – Shutterstock.com

© Coprid – stock.adobe.com

© egorxfi – stock.adobe.com

holiday greetings

zu Stunde 16. Greetings from the beach!